Dr. Breitkreuz, Gustav

„STRATEGIEN ZUM ERFOLGREICHEN VERKAUF"

Ein Wegweiser
zum professionellen und erfolgreichen Verkäufer

Berichte aus der Betriebswirtschaft

Gustav Breitkreuz

Strategien zum erfolgreichen Verkauf

Ein Wegweiser zum professionellen und erfolgreichen Verkäufer

Shaker Verlag
Aachen 2005

Bibliografische Information der Deutschen Bibliothek
Die Deutsche Bibliothek verzeichnet diese Publikation in der Deutschen
Nationalbibliografie; detaillierte bibliografische Daten sind im Internet über
http://dnb.ddb.de abrufbar.

ISBN 3-8322-4569-3
ISSN 0945-0696

Shaker Verlag GmbH • Postfach 101818 • 52018 Aachen
Telefon: 02407 / 95 96 - 0 • Telefax: 02407 / 95 96 - 9
Internet: www.shaker.de • eMail: info@shaker.de

INHALTSVERZEICHNIS

6

VORWORT

Das Verkaufen von Produkten oder Waren wird immer komplizierter. Die Märkte sind gesättigt, die Anzahl der Anbieter steigt ständig, das Angebot an Waren und Produkten ist vielfältig und austauschbar und die Billiganbieter bekämpfen sich gegenseitig.

Der Kunde wird überflutet mit Informationen über neue Waren oder Produkte, über Billigpreise, über Preisnachlässe, Rabatte, Kreditkauf ohne Zinsen und vieles andere mehr.

Es wird für Kunden immer schwieriger, sich in diesem Dschungel der „Sonderangebote" zurechtzufinden. Er wird immer unentschlossener und kritischer in seinem Kaufverhalten.

Bevor der Kunde sich für einen Kauf entscheidet, welcher seinen Wünschen und Vorstellungen entspricht, analysiert und vergleicht er neben den Waren- oder Produktangeboten das Verkaufs- und Betriebsklima vor Ort. Erst nach Auswertung eines kritischen Vergleiches, entscheidet er sich für ein Kaufangebot. Im Mittelpunkt seines Vergleiches stehen meistens folgende Kriterien u.a. im Vordergrund:

- Eine freundliche und kontaktbezogene Empfangsatmosphäre vom Verkäufer- oder Beraterteam
- Eine freundliche, sachkundige und kundenorientierte Beratung und Verhandlung
- Ein umfangreiches Sortimentsangebot zu günstigen Preisen und einem guten Preis- Leistungsverhältnis
- Ein großzügiges und umfangreiches Serviceangebot von Parkmöglichkeiten bis zum Kundendienst

Diesen und anderen Anforderungen muss sich ein Verkäufer stellen, wenn er erfolgreich sein will.

Der Weg zum erfolgreichen Verkäufer erfordert ein neues Profil strategischer Maßnahmen, die sich in einer neuen Phase von Wissen, Können und Handeln widerspiegeln müssen.

Genau diesem Anliegen hat sich der Autor gewidmet.

An Hand von praktischen Beispielen, Lösungen, Hinweisen und Tipps werden insbesondere Wege, Methoden und Möglichkeiten aufgezeigt, wie man vom Verkäufer zum erfolgreichen Verkäufer werden kann.

Wie sich der Verkäufer zum erfolgreichen Verkäufer profilieren kann und welche Vorraussetzungen dazu notwendig sind, darauf werden in diesem Buch folgende Fragen beantwortet:

- Welche Anforderungen werden an mein Persönlichkeits- und Leistungsprofil gestellt, um souverän mit dem Kunden zu verhandeln?

- Welche rhetorischen Fähigkeiten und fachliche Kompetenz muss ich haben, um erfolgreich das Verkaufsgespräch zu führen?

- Welche grundlegenden psychologischen Menschenkenntnisse sind für mich von Vorteil, um den jeweiligen Kundentyp zu erkennen und das Verkaufsgespräch zielstrebig zu steuern?

- Wie kann ich mich motivieren und begeistern und dieses auf den Kunden übertragen?

- Wie erreiche ich einen erfolgreichen Verkaufseinstieg, um am Ball zu bleiben?

- Wie sichere ich eine bleibende Beziehung zu dem Kunden, um vertrauensvoll und glaubwürdig auf ihn einzuwirken und zwar vom ersten Kontakt bis zur Verabschiedung, einschließlich Nachbetreuung?

- Welche Verhandlungs- und Verkaufsstrategien muss ich anwenden, um einen Kundenauftrag zu erhalten?
  Dazu erhalten Sie Hinweise und Tipps:

  - für die rhetorische Argumentation
  - für die Verhandlungsargumentation und für die Lösungen von Einwänden
  - für die waren- und kundenbezogene Verkaufsargumentation
  - für das professionelle Vorgehen in der Entscheidungsphase
  - für eine gekonnte und eindrucksvolle Verabschiedung mit positiver Nachwirkung für eine Kundenbindung

- Wie verhalte ich mich bei Kundeneinwänden, Umtausch und Reklamationen und wie kann ich diese zur Zufriedenheit der Kunden lösen?

- Welche Konsequenzen und Schlussfolgerungen ziehe ich aus der Kundenbeurteilung, um meine künftigen Verkaufsgespräche noch erfolgreicher zu gestalten?

Für die praktische Umsetzung dieses Buches mit seinen vielen Anregungen, Hinweisen, Tipps und praxisbezogenen Lösungen wünsche ich Ihnen viel Erfolg.

1. Grundlegende Vorraussetzungen für einen erfolgreichen Verkäufer

1.1 Ansprüche an das Persönlichkeitsbild und Leistungsprofil eines erfolgreichen Verkäufers

Das **Persönlichkeitsbild** eines Menschen zeigt sich in der Verwirklichung seiner individuellen Identität und dem eigenständigen Verhalten.
Die unterschiedlichen Persönlichkeiten spiegeln sich in der Menschentypologie wider. Man geht davon aus, dass jeder Mensch eine Persönlichkeit ist. Unterschiede treten erst auf, wenn man die Mensch-Persönlichkeit näher charakterisiert und zwar nach spezifischen Merkmalen. Dabei kann man feststellen, dass der Persönlichkeitstyp Verkäufer „Müller" andere spezifische Merkmale aufweist, als der Verkäufer „Lehmann".
Der Verkäufer „Müller" ist ein selbstbewusster, kontaktfreudiger, kreativer, Verkäufer „Lehmann" dagegen ist zurückhaltend, unbeholfen und weniger zuverlässig. Verkäufer „Lehmann" wird es schwer haben, Kunden zu begeistern. Er muss noch viel an sich arbeiten, um eine anspruchsvolle Verkäuferpersönlichkeit zu werden.
Das **Leistungsprofil** ist dagegen persönlich auf den Verkäufer zugeschnitten. Er muss sowohl die Interessen seines Unternehmens als auch die Interessen der Kunden vertreten. Dabei dürfen natürlich die eigenen Interessen der Eigenverantwortlichkeit, des selbständiges Handelns und des eigenen Engagements nicht zurückgedrängt werden.

Wie sollte das Persönlichkeits- und Leistungsprofil eines erfolgreichen Verkäufers aussehen?
Welche Merkmale charakterisieren ihn?

1. Äußeres Erscheinungsbild

Das äußere Erscheinungsbild eines Verkäufers ist der erste Eindruck für den Beziehungsaufbau mit dem Kunden. Der Kunde beurteilt als erstes den Verkäufer nach seiner äußeren Erscheinung, je nach Branchentätigkeit. Natürlich wird ein Verkäufer in der Autobranche oder im Bekleidungsbereich anders gekleidet und gepflegt sein, als ein Verkäufer im Baumarkt.

Grundsätzlich sollte sich jeder Verkäufer folgenden Anforderungen stellen:
- branchenbezogene Kleidung tragen, passend zum Alter, zur Figur und zum Geschlecht
- sich branchenbezogen ausweisen (mit Bild, Namen und Verantwortungsbereich)
- sollte gepflegt aussehen, wie z.B. gepflegtes Gesicht, gepflegte Hände und Fingernägel, gut rasiert sein oder einen gepflegten Bart tragen
- sollte eine ansprechende Frisur haben
- sollte stets auf Körperfrische achten

- sollte auf ein passendes Make-up, bezogen auf Geschlecht, Figur, Alter, u.a.m. achten

2. Eigene Zielvorstellungen besitzen

Jeder Mensch entwickelt eigene Zielvorstellungen, ob im privaten Leben oder im Beruf.
Zielvorstellungen können sein: Anerkennung, Prestige, berufliche und private Sicherheit, Erfolge, etc..
Sicherlich sind Ihre Zielvorstellungen eng mit bestimmten Idealen und Prinzipien verbunden wie: Glück, Freude, Streben nach Vollkommenheit, aber auch Pflichtgefühl und Disziplin.

Welche Ziele setzen sich erfolgreiche Verkäufer?

Doch sicherlich folgende:

- den Kunden maßgeschneidert beraten, bedienen und kundenorientiert verkaufen
- den Kundenstamm halten und ausbauen
- für Kundenzufriedenheit sorgen
- neue Kunden gewinnen
- hohe Verkaufsergebnisse erzielen

Sie werden jetzt fragen, wie schaffe ich das?

Sie werden es schaffen, wenn Sie fest entschlossen sind, Ihre Ziele zu erreichen und dabei Ihre Aktivitäten über Motivation, Begeisterung, Kompetenz und innere Überzeugung gegenüber dem Kunden voll entfalten.

3. Positive Einstellung

Eine positive Einstellung zum Leben, zum Beruf, zur täglichen Arbeit ist eine Grundvorrausetzung einer Verkäuferpersönlichkeit. Es ist manchmal nicht so einfach, positiv zu denken und zu handeln gegenüber einem Kunden, der schlechtgelaunt zum Verkaufsgespräch kommt. In diesem Falle sollten Sie nicht gleich resignieren, vielmehr sollten Sie den Kunden dazu bewegen, positiv zu denken. Bringen Sie dem Kunden Verständnis und Fairness entgegen. Gehen Sie ruhig, gelassen und mit einem Lächeln zum Verkaufsgespräch über. Sie werden merken, Sie haben jetzt den Kunden auf Ihrer Seite. Einem erfolgreichen Verkaufsgespräch steht nichts mehr im Wege.

4. Selbstsicher gegenüber dem Kunden auftreten und handeln

Gehen Sie selbstbewusst (nicht überheblich!) und souverän auf den Kunden zu. Verhandeln Sie ruhig, sachlich, kompetent und kundenbezogen. Lassen Sie sich nicht vom Kunden durch Rückfragen verunsichern, denn dann wird der Kunde auch unsicher. Er zweifelt an Ihrer Überzeugung und Kompetenz. Wenn Sie auf eine Rückfrage, z.B. zu Leistungsparametern eines Produktes/einer Ware nicht gleich eine exakte Auskunft geben können, dann greifen Sie zum Telefon und fragen Sie einen Ihrer Spezialisten, der Ihre Frage auch beantworten kann. Denn es ist besser sich Informationen einzuholen, als den Kunden falsch zu beraten. „Denn man kann ja nicht alles Wissen", das versteht auch der Kunde. Die Nachfrage sollte eine Ausnahme sein. Besser wäre und dies zeichnet einen erfolgreichen Verkäufer aus, wenn Sie sich so intensiv mit dem Produkt beschäftigen, dass sie auf alle gestellten Kundenfragen sofort eine Antwort geben können. Das imponiert nicht nur den Kunden mit Anerkennung und Respekt, auch Sie fühlen sich glücklich, stolz und zufrieden.

5. Sprechen Sie immer die Sprache des Kunden

Stellen Sie sich auf die Sprache des Kunden ein. Sprechen Sie so, dass der Kunde es auch versteht. Verzichten Sie auf Fremdwörter oder übertriebenes Fachwissen. Gehen Sie, wenn der Kunde es mag, auf das Privatleben ein, z.B. Wie geht es Ihnen? Wie fühlen Sie sich? etc.. Schaffen Sie Vertrauen und Zuneigung durch ungezwungene und emotionale Unterhaltung.
Wenn der Kunde beim Kauf oder bei Auftragserteilung Hilfe braucht, gewähren Sie Ihm diese und erläutern Sie an Hand von Beispielen die Vor- und Nachteile.
Lassen Sie sich dafür viel Zeit. Sie sollten den Kunden nicht zum Kauf überreden oder womöglich „übers Ohr hauen", sondern vielmehr überzeugend und sachkundig die Vor- und Nachteile darlegen. Je besser Sie das Produkt präsentieren, um so schneller gelingt es Ihnen den Kunden für eine Kaufentscheidung zu gewinnen. Den Kunden verstehen, die Kundensprache sprechen und mit der Kundensprache das Produkt mit Kompetenz, überzeugend und begeisternd präsentieren, sind wichtige Instrumente eines erfolgreichen Verkäufers.

6. Begeisterung ist die beste Waffe des Verkäufers

Begeistern Sie den Kunden mit einer positiven und motivierten Ausstrahlung und mit rhetorischem Können aus innerer Überzeugung. Überspielen Sie Ihre eigenen Sorgen oder Launen mit einem freundlichen Lächeln, auch wenn es Ihnen heute schwer fällt. Glauben Sie an Ihren Erfolg, dass Sie schon im Voraus die Freude über die Verwirklichung fühlen. Denn „Glaube kann Berge versetzen" und Ihr Erfolg versetzt Sie wiederum in Begeisterung.
Lassen Sie sich von dem Grundsatz leiten, so wie Ihre Ausstrahlung und Begeisterung auf den Kunden einwirkt, so wird auch die Motivation des Kunden sein, der dann auch bereit ist, eine Ware bzw. ein Produkt zu kaufen.

7. Auch Misserfolge prägen das Persönlichkeitsbild eines erfolgreichen Verkäufers

Es ist eine Illusion, anzunehmen, dass ein Verkäufer nur von Erfolgen begleitet wird. Misserfolge und Rückschläge gehören genauso zum täglichen leben, wie Erfolge. Misserfolge haben sogar etwas Positives: Sie denken über die Misserfolge nach und fragen sich, wie kam es dazu, was habe ich falsch gemacht. Haben Sie die Misserfolge analysiert, so kommen Sie zu der Schlussfolgerung, die Fehler abzustellen und es künftig besser zu machen.
Dabei sollten Sie sich vom Optimismus leiten lassen, dass Sie ja überwiegend erfolgreich waren.
Denken Sie daran: Misserfolge sind dazu da, um zu lernen und es besser zu machen. Wenn Sie mit solcher Erwartungshaltung in die nächste Verkaufsrunde gehen, können Sie sich Ihres Sieges gewiss sein.

Fazit: Persönlichkeitsbild und Leistungsprofil eines Verkäufers:

- kreativ sein, geprägt von Schöpfertum, Erfindungsgeist und Ideenreichtum
- höflich und aufgeschlossen sein gegenüber den Kunden und den Mitarbeitern des Unternehmens
- Optimismus und Begeisterung ausstrahlen und zwar in Wort und Tat
- in jeder Phase des Gespräches kontaktfreudig und tolerant sein
- Ausgeglichenheit im Verhalten ausstrahlen
- zuverlässig sein in Wort und Tat
- souverän, selbstsicher und rhetorisch gekonnt das Verkaufsgespräch führen
- sicher und selbstbewusst seinen Standpunkt vertreten
- in jeder Situation das Image des Unternehmens repräsentieren
- belastbar sein, Durchhaltevermögen besitzen und entscheidungskompetent sein
- gute Umgangsform haben
- die Sprache des Kunden sprechen
- gute Waren- und Sortimentskenntnisse besitzen
- ein ansprechendes äußeres Erscheinungsbild besitzen, wie gepflegtes Aussehen passfähige Kleidung, etc.

1.2 Positive Einstellung und Haltung zum Beruf, zur Tätigkeit und zum Unternehmen

Ein wesentlicher Aspekt der Anforderungen an die Persönlichkeit des Verkäufers ist die positive Einstellung zur Tätigkeit, die Wahrnehmung der eigenen Pflichten und die Wahrnehmung der Verantwortung.

Haben Sie als Verkäufer eine positive Einstellung zu Ihrem Beruf, zu Ihrer Tätigkeit, zum Unternehmen, dann schlägt sich Ihre Haltung auch positiv auf den Kunden nieder. Ist Ihre Einstellung und Haltung dagegen degressiv, dann wird es der Kunde merken und sie haben weniger Chancen für einen erfolgreichen Verkauf.

Pflichtbewusstsein und Verantwortung sind für die Erfüllung der Aufgaben als Verkäufer ebenso wichtig wie Einstellung und Haltung.

a) Welche Merkmale sind charakteristisch für eine positive Einstellung/Haltung?

- positive Einstellung zum Unternehmen
- Freude an der Arbeit
- Motivationsdrang
- Leistungswille
- Tätigkeitsstreben
- Schaffensfreude
- Erfolgsdrang
- Qualitätsbewusstsein
- Aufgeschlossenheit für Wissenserweiterung und Innovation
- kooperatives Verhalten gegenüber Mitarbeitern, Kollegen und Kunden
- Streben nach Vervollkommnung der Persönlichkeit

b) Welche Merkmale sind charakteristisch für ein positives Pflicht- und Verantwortungsbewusstsein?

- Pflichtbewusstsein
- Disziplin
- Engagement
- Moralbewusstsein
- verantwortungsbewusstes Handeln
- Bereitschaft für die betriebliche Mitverantwortung und Mitbestimmung

1.3 Motivation und Begeisterung, die Auslöser für eine erfolgreiche Verkaufsstrategie

<u>Motivation</u> ist ein psychisch-pädagogischer Ablaufprozess und Beweggrund, der sich im Verhalten, in den Handlungen und in der Tätigkeit des Menschen widerspiegelt.

<u>Begeisterung</u> ist ein Zustand freudiger Erregung, begleitet von ausstrahlender Mimik, Hochstimmung, Eifer und Tatendrang.

Ausgehend von diesen Definitionen kann die Schlussfolgerung abgeleitet werden, dass nur der Verkäufer Erfolg im Verkauf haben wird, der motiviert und begeistert dem Kunden das Verkaufsangebot präsentiert. Untersuchungen dazu haben ergeben, dass durch Motivation und emotionaler Begeisterung sich ca. 50% der Kunden für den Kauf einer Ware entschieden haben, weil sie von einem Verkäufer bedient wurden, der neben seiner hervorragenden Kompetenz, vor allem durch seine Begeisterung und Ausstrahlungskraft, fasziniert hat.
Sie werden sich nun als Verkäufer fragen; besitze ich schon diese Eigenschaften, trete ich immer motiviert und begeistert gegenüber dem Kunden auf, oder habe ich noch Schwächen auf diesem Gebiet?

<u>Dazu einige Hinweise und Tipps, die Ihnen helfen sollen, Ihre Schwächen zu erkennen und diese zu überwinden, mit dem Ziel, erfolgreich in der Verkaufstätigkeit wirken zu können:</u>

Tipp 1: Sie müssen gewillt sein und den Mut haben positiv zu denken und zu handeln. Sagen Sie zu sich selbst, wenn andere es geschafft haben, begeistert und motiviert zu sein, dann will und werde ich es auch schaffen.

Tipp 2: Gehen Sie immer vom Positiven aus:
- von den schönen Dingen Ihres Lebens, an die Sie sich gerne erinnern,
- von dem, was Sie schon erreicht haben (Sie waren willensstark),
- von dem, was Sie noch erreichen wollen (Sie sind willensstark),
- von der Tatsache, dass Sie ein optimistischer Verkäufer sind.

Tipp 3: Nehmen Sie sich vor, noch besser zu werden, noch überzeugender die Motivation und Begeisterung auf Kunden zu übertragen.
Lassen Sie sich von dem Grundsatz leiten, in welchem Maße Ihre Motivation und Begeisterung auf den Kunden einwirkt, so erfolgreich ist auch für Sie das Kundengespräch.
Wenn Sie merken, der Kunde ist vom Verkaufsgespräch motiviert, begeistert und zufrieden, dann gibt er die Botschaft auch an andere Personen weiter. Damit schließt sich auch der Kreis Ihres Verkaufserfolges. Sie gehen gestärkt, motiviert und mit neuer Begeisterungsenergie in die weiteren Verkaufsgespräche.

Tipp 4: Machen Sie sich ein genaues Bild von der Gedanken- und Gefühlswelt Ihres Kunden und identifizieren Sie sich mit dieser. Bringen Sie ihm Anerkennung, Bewunderung und Respekt entgegen. Schaffen Sie ein gutes Vertrauensverhältnis zum Kunden, zeigen Sie Zuwendungsbereitschaft und Toleranz für seine Meinung. Entwickeln Sie beim Kunden Sicherheit, Geborgenheit und Selbständigkeit. Identifizieren Sie sich mit den Wertvorstellungen des Kunden.

Tipp 5: Übertreffen Sie die Erwartungen des Kunden, z.B. durch Ihr emotionales und begeistertes Verkaufsgespräch, durch zusätzliche Serviceleistungen, durch vorfristige Lieferung des bestellten Produktes oder Fertigstellung einer Dienstleistung, durch nicht erwartete Preisnachlässe, durch Erfüllung von Sonderwünschen, durch Überreichen von kleinen Aufmerksamkeiten, wie Geschenken, Einladungen zum Jubiläum, etc.

Tipp 6: Lassen Sie sich davon motivieren und begeistern, weil Sie Erfolg haben und Ihnen die Arbeit Spaß und Freude macht. Das Image des Unternehmens entwickelt sich mit Ihrem persönlichen Image. Produkt und Leistungen Ihres Unternehmens sind vom Kunden gefragt, weil diese auch den Vorstellungen und Ansprüchen der Kunden entsprechen. Sie heben sich deutlich von anderen Unternehmen ab. Dies ist ein weiterer wesentlicher Aspekt, der Ihnen hilft, Ihre Motivation und Begeisterung noch engagierter ein- und umzusetzen.

Tipp 7: Seien Sie von sich überzeugt, Sie sind willensstark, kompetent und rhetorisch begabt und können somit den Kunden souverän entgegentreten. Sie stehen auf der Siegerseite, das sollte Sie motivieren und begeistern.

Fazit: Nur wer motiviert und begeistert ist wird als Verkäufer siegen!
Wenn Sie das von sich sagen können, dann zählen Sie zu dem erfolgreichsten Verkäufer im Unternehmen. Glauben Sie einfach an Ihrem Sieg.
Setzen Sie die sieben Tipps in tägliche Verkaufsgespräche um.
Nur wenn Sie so handeln, wird sich Ihre emotionale Begeisterung auf den Kunden übertragen und Sie können mit Sicherheit davon ausgehen, dass Sie den Verkaufseinstieg souverän gemeistert und somit den Weg für einen erfolgreichen Verkauf geebnet haben.

1.4 Rhetorische Fähigkeiten als dominierender Faktor des erfolgreichen Verkäufers

Ein Erfolgreicher Verkäufer hat zwei wesentliche Aufgabenstellungen zu erfüllen:

1. die Aufgabe der Verkäufertätigkeit
2. die Aufgabe der Beratertätigkeit

Beide Aufgaben sind untrennbar miteinander verbunden und sind nur wirksam und effektiv, wenn sie als Einheit praktiziert und umgesetzt werden.
Für die wirksame Umsetzung dieses Einheitsprozesses nehmen die rhetorischen Fähigkeiten des Verkäufers eine dominierende Stellung ein. Sie äußern sich in der Fähigkeit des Verkäufers, seine Aussagen so verständlich und begeistert zu formulieren, dass sie überzeugend, sachkundig, sympathisch und wohltuend auf den Kunden einwirken.
Um diesen gewünschten Effekt zu erreichen, muss sich die Rhetorik mit ihren Bestandteilen Stimme, Sprache und Körpersprache, in Einheit mit Motivation und Begeisterung diesen Anforderungen stellen.
Bringt der Verkäufer seine eigene Motivation und Begeisterung durch die Stimme, Sprache und Körpersprache zum Ausdruck, dann wird auch der Kunde von den rhetorischen Fähigkeiten nicht nur überzeugt, sondern auch begeistert sein. Damit werden Akzente gesetzt, die den weiteren Verlauf bis hin zum Produktverkauf nicht nur erleichtern, sondern auch in den meisten Fällen mit der Kaufentscheidung des Kunden bestätigt werden.

Welche rhetorischen Anforderungen sollte ein Verkäufer erfüllen um erfolgreich sowohl im Verkauf als auch in der Beratung tätig zu sein?

Dazu zählen folgende Anforderungen, wie sie in dem Gliederungspunkten **1.4.1 bis 1.4.3** beschrieben werden:

1.4.1 Anforderungen an die Stimme des erfolgreichen Verkäufers

Die **Stimme** als das Hauptwerkzeug der Kommunikation existiert nicht nur in Form der Stimmlage, des Tonfalles, der Betonung oder des Sprechtempos, sondern auch und insbesondere in der Interpretation, der Emotion, der Motivation und der Begeisterung.
Denn es geht nicht in erster Linie darum etwas zu sagen, sondern vielmehr wie es interpretiert und mit welcher Begeisterung das Gesagte artikuliert wird.
Dabei nimmt die Stimmlage als ein Teil der Stimme einen wichtigen Platz ein. So empfinden Kunden eine tiefere Stimme angenehmer als eine hohe oder schrille Stimme. Da bei Stress, Ärger oder Lampenfieber die Tonlage automatisch höher wird, sollte sich ein Verkäufer entspannt, motiviert und voller Optimismus in das Verkaufsgespräch begeben.

Der Tonfall als ebenso wichtiger Bestandteil der Stimme, gibt dem Gesagten die zusätzliche Würze. Schon bei der Begrüßung eines Kunden kann der Tonfall enttäuschend oder begeisternd wirken.
Wenn ein Verkäufer den Kunden aus innerlicher Freude und Begeisterung, unterstützt durch die passende Gestik und Mimik, begrüßt, dann steht der Kunde auf seiner Seite und der Erfolg für das anstehende Verkaufsgespräch ist vorprogrammiert.

Die Betonung als weiterer Bestandteil der Stimme setzt besondere Akzente. Sie kann das Interesse wecken und motivierend auf den Kunden einwirken, anderseits aber auch Desinteresse und Resignation hervorrufen. Deshalb sollte eine besondere Betonung auf bedeutsamen Aussagen liegen. Die Betonung ist generell den allgemeinen und konkreten Aussagen anzupassen, wobei der Schwerpunkt in der Betonung der konkreten und präzisen Aussage, z.B.: zum angebotenen Produkt, liegen sollte.

Das Sprechtempo ist ebenfalls ein Bestandteil der Stimme und besonders wichtig für das Erfassen und Verarbeiten von Informationen.
Jede Information wird über Schallschwingungen, die außerhalb der menschlichen Hörgrenze liegen, aufgenommen und in das Kurz- oder Langzeitgedächtnis gespeichert. Wenn durch ein zu schnelles Sprechen die Hörgrenze überschritten wird, werden wichtige Informationen vorübergehend nicht mehr aufgenommen, der Kunde wird überfordert und schaltet ab.
Ist das Sprechtempo zu langsam, fühlt sich der Kunde gelangweilt und im Zeitdruck.
Ein angemessenes Sprechtempo mit Sprechpausen und entsprechender Dehnung eines Satzes oder Wortes, verbunden mit adäquater Betonung, sind optimale Voraussetzungen für die Verarbeitung von Informationen durch den Kunden.
Der Kunde kann dann die Ausführungen des Verkäufers besser nachvollziehen und wird damit in die Lage versetzt, die Informationen für seine Kaufentscheidung besser zu verarbeiten.

1.4.2 Anforderungen an die Sprache des erfolgreichen Verkäufers

Eines der wichtigsten Kriterien, die das Persönlichkeitsbild und den Leistungsfaktor eines erfolgreichen Verkäufers charakterisiert und kennzeichnet, ist die **Sprache**. In Übereinstimmung mit den Anforderungen der Stimme (vergl. **Punkt 1.4.1**) ist die Sprache ein komplexer Vorgang des Kommunikationsaustausches mit dem Kunden. Er spiegelt sich in der Fähigkeit des Verkäufers wider, sich mit dem Kunden auf einer angemessenen, verständlichen und einfühlsamen Art und Weise zu verständigen. Durch die Sprache des Verkäufers werden Wahrnehmungen und Gedanken in eine Lautäußerung, z.B. durch den Verkäufer, übersetzt. Beim Kunden erfolgt die Rückübersetzung des Gesagten in Form von eigenen Gedanken, Vorstellungen und Verhalten. Die Sprache sollte immer zum Ziel haben, möglichst einfach und angenehm zu wirken.

Folgende Prämissen sind für die Wirkung der Sprache von Bedeutung, die Sie als Verkäufer im Gespräch mit den Kunden unbedingt beachten sollten:

♣　Sprechen Sie grundsätzlich die Sprache des Kunden. Vermeiden Sie z.B. Fremdwörter und Fachbegriffe, diese erschweren unnötig die Rückübersetzung und sind häufig Ursachen für Missverständnisse. Passen Sie sich dem jeweiligen Kundentyp an, ist der Kunde arrogant, dann ist er in seinem Wesen und in seinen Äußerungen von sich eingenommen. Er ist überheblich, ist ein „Besserwisser", der Tüchtigste und der Erfolgreichste.
In diesem Falle sollten Sie einen Wortschatz wählen, der nicht zum Widerspruch oder zur Opposition herausfordert. Sie sollten höflich bleiben und ihm das Gefühl der Anerkennung vermitteln. Gehen Sie auf seine Sonderwünsche und Extras ein. Bieten Sie ihm Spitzenqualität an, das fördert und stimuliert seine Kaufbereitschaft.

♣　Beschränken Sie sich auf kurze und prägnante Sätze. Drücken Sie sich so aus, dass
Ihr Kunde Sie auch wirklich verstehen kann. Passen Sie sich dem Sprachniveau des Kunden an. Beschränken Sie sich dabei auf das Wesentliche und auf das, was für Ihren Kunden interessant und wichtig ist. Wählen Sie anschauliche Beispiele, wie: Bilder, Grafiken, die u.a. helfen Sachverhalte besser darzustellen, um den Informationsbedarf des Kunden besser gerecht zu werden.

♣　Vermeiden Sie grundsätzlich keine Superlative, wie z.B.: „Was ich Ihnen anbiete ist das Billigste, von der Qualität das Beste, von der Leistung das Höchste". Solche Formulierungen empfindet der Kunde als unglaublich und als übertrieben.
Sie äußern Erwartungshalterungen, die Sie sicherlich nie hundertprozentig erfüllen können. Das weis auch der Kunde, der sich dann von diesem Angebot sicherlich distanzieren wird.

♣ Vermeiden Sie grundsätzlich Killerphrasen. Sie führen in den meisten Fällen der Verkaufsberatung zum Abbruch des Gespräches.
Solche Killerphrasen, wie z.b.: „Ich bin mehr Fachmann als Sie!" oder „Das geht nicht so!", oder „Das glaube ich Ihnen nicht!" bringt Ihnen Imageverlust und erfüllt nicht die Erwartungshaltung einer Kundenzufriedenheit.

1.4.3 Anforderungen an die Körpersprache des erfolgreichen Verkäufers

Die **Körpersprache,** als ein ebenfalls wichtiges Werkzeug der Kommunikation von Mensch zu Mensch, vom Verkäufer zum Kunden, wird von der Gestik, Mimik und der Körperhaltung bestimmt. Es handelt sich hier um eine Kommunikation ohne Worte. Sie äußert sich in der inneren Haltung des Menschen, die durch Bewegungen von Armen und Händen, durch Mimenspiel (Gesichtsausdruck), durch Gebärden (Zeichensprache) sowie Körperhaltung zum Ausdruck gebracht werden. Untersuchungen haben ergeben, dass etwa 55% der Informationen eines Senders (z.b. Verkäufer) durch die unterbewusste Interpretation über Gestik, Mimik und Körperhaltung vermittelt werden. Damit ist sie ein wichtiges Element der Verständigung. Diese körpersprachlichen Signale im Falle eines Verkäufers werden vom Kunden als Empfänger sehr genau wahrgenommen und meist auch gut verstanden. Steht das Gesprochene im Widerspruch zu der Botschaft des Körpers, dann entstehen Missverständnisse, die Glaubwürdigkeit wird in Frage gestellt und es kommt zu Kommunikationsproblemen mit dem Kunden bis hin zum Abbruch des Verkaufsgespräches.
Deshalb sollte sich ein erfolgreicher Verkäufer die Übereinstimmung von Sprache, Stimme und Körpersprache herstellen, denn nur so wirkt er glaubhaft, ehrlich und vertrauensbildend.

Empfehlungen für eine wirksame und begeisternde Umsetzung der Körpersprache im Gespräch mit dem Kunden

1. Die Körpersprache mit ihren Bestandteilen Körperhaltung, Gestik und Mimik ist immer mit der inneren Haltung und den Gefühlen verbunden.
Haltung, Hände und Gesichtsausdruck bleiben dabei ruhig und entspannt und konzentrieren sich auf den Kunden.

2. Gestik und Mimik haben die Aufgabe, das gesprochene Wort durch Bewegung (Körperhaltung, Hand- und Mundbewegung), Gesichtsausdruck (Ausdruck der Begeisterung, der Entspannung und der Sympathie) verständlich zu machen oder zu unterstreichen.

3. Gestik und Mimik sollten grundsätzlich an passender Stelle und zur passenden Zeit Anwendung finden. Dabei ist darauf zu achten, dass sie nicht überdreht oder

untertrieben artikuliert werden. Überdreht reagieren bedeutet, das Gesagte künstlerisch oder hyperbolisch zu übertreiben. Das andere Extrem ist ebenso unnatürlich, wenn Hände und Gesichtsausdruck starr wirken und die Körperhaltung wenig Reaktionen zeigt. Anzustreben sind in jedem Fall natürliche Gesten.

4. Die Anwendung von Gestik und Mimik sind nur dann sinnvoll und effektiv, wenn sie im Einklang mit der Körperhaltung und dem Redeinhalt stehen. Es wäre falsch, wenn z.b. der Verkäufer in Worten Optimismus und Begeisterung ausstrahlt und seine Gestik und Mimik von ballenden Fäusten und bösen Gesichtsausdrücken gekennzeichnet ist, oder einen schläfrigen Eindruck vermittelt.

5. Neben dem bereits Gesagten, sollten der Blickkontakt nicht vergessen werden. Die Augen geben der Gestik und Mimik ihre besondere Aufmerksamkeit und Wirkung. Beim Blickkontakt schweifen die Augen nicht ziellos oder suchend umher, sondern sind ständig auf den Kunden gerichtet, ohne ihn dabei zu fixieren.
Fehlender Blickkontakt wird vom Gesprächspartner/Kunden als mangelnde Aufmerksamkeit oder auch als Unsicherheit des Verkäufers angesehen.
Natürlich wird der Verkäufer nicht ständig den Kunden ansehen, denn der Blickkontakt ändert sich, wenn der Verkäufer dem Kunden am Objekt Erläuterungen gibt. Dieser Blickkontaktwechsel wird vom Kunden akzeptiert und auch als wohltuend empfunden.
Wichtig ist, mit den Augen ständig die Reaktionen des Kunden zu beobachten und auf ihn positiv einzuwirken.

Merksatz: „Augen lügen nicht", „Augen sind das Fenster zur Seele".

Noch einige wichtige Formulierungen zur Körpersprache

Gedanken und Gefühle kommen aus dem Inneren und sie strahlen auch nach außen aus, ob gewollt oder ungewollt. Die körpersprachliche Wahrnehmung, die Signale, die wir zeigen und die wir von anderen Menschen erhalten, unterstreichen den Eindruck einerseits und die Reaktion auf das gesprochene Wort anderseits.

Die Ausstrahlung und Begeisterung dagegen zeigen sich im Erlebnis. Persönliche Ausstrahlung und Begeisterung muss gelebt werden. Die Lebendigkeit, Motivation und Dynamik sind in den Augen des Menschen zu erkennen. Ein Lächeln, das vom Herzen kommt, ergreift auch das Herz des anderen.

22

1.5 Anforderungen an die Kompetenz als überzeugende Kraft eines erfolgreichen Verkäufers

Neben den bereits genannten Anforderungsprofilen (Motivation, Begeisterung und Rhetorik) ist die fachliche Kompetenz ein weiteres wichtiges Kriterium, welches die Gesamtpersönlichkeit des Verkäufers prägt. Fachliches Wissen und praktische Erfahrungen sind Grundvoraussetzungen, die sich in der Kompetenz des Verkäufers widerspiegeln.

Welches Allgemein- und Fachwissen sollte ein Verkäufer besitzen, um erfolgreich beraten und verkaufen zu können?

1.5.1 Ein gutes Allgemeinwissen

- Beherrschen der Grammatik in Sprache und Rechtschreibung
- Grundkenntnisse in Mathematik, insbesondere das Beherrschen der Grundrechenarten, der Prozent- und Zinsrechnung, des Dreisatzes und der Maßeinheiten
- Grundkenntnisse im Umgang mit dem Personalcomputer
- Fremdsprachenkenntnisse (Grundkenntnisse), insbesondere in der Englischen Sprache
- Produkt- und Dienstleistungskenntnisse
- Grundkenntnisse der Betriebswirtschaft
- Grundlagen der Markt- und Konjunkturkenntnisse
- Verwaltungserfahrung
- Werbung- und Telefonmarketingerfahrung
- Logistikerfahrung
- Grundkenntnisse der Buchführung
  (z.B. Kassenverwaltung, Kassenführung und Kassenabrechnung)

1.5.2 Ausgeprägtes Fach- und Branchenwissen

Grundvoraussetzung für einen erfolgreichen Verkäufer ist ein branchenbezogener Berufsabschluss und die entsprechende Praxiserfahrung.

Im einzelnen sollte er folgende Fachkompetenz besitzen:

- Kenntnisse über die innerbetrieblichen Arbeitsabläufe und Strukturen besitzen, zum Beispiel: Waren und Sortimentsangebote, Warenplatzierung, Warenpräsentation, Warenkennzeichnung, Werbeangebote u.a.m.
- sich genauestens über betriebliche Waren- oder Dienstleistungsangebote sowie

Serviceangebote auskennen.
- Kenntnisse und Erfahrungen über Kosten- Leistungskalkulationen, über Variantenvergleiche, z.B. Preis- Leistungsvergleiche für Waren und Dienstleistungen besitzen.
- in der Lage sein, den Kunden genauestens die Vor- und Nachteile von Waren- und Dienstleistungsangeboten zu erläutern (Preis- Leistung- Qualität und Serviceangebote).
- Kenntnis über mögliche Preisnachlässe, Rabatte und Skontokonditionen haben.
- in der Lage sein, einen Kostenvoranschlag zu erstellen.
- gewillt sein, sein Wissen, Können und seine praktischen Erfahrungen weiter zu vervollkommnen, nicht nur als Autodidakt (eigenständige Aneignung), sondern auch durch betriebliche und überbetriebliche Weiterbildungsmaßnahmen und durch einen intensiven Erfahrungsaustausch.

1.6 Anforderungen an die psychologischen Menschenkenntnisse als zusätzliche Würze

Die Psychologie des Menschen ist in ihrer Gesamtheit ein determinierter Vorgang, der sich in seiner Funktion, Eigenschaft und im Prozess selbst widerspiegelt.
Im Einzelnen äußert sich die Psychologie des Menschen wie folgt:

- in der Wahrnehmung
- im Denken
- in der Einstellung
- in Charakter- und Temperamentseigenschaften
- in den Bedürfnissen und Interessen
- im Wissen sowie in den Fähigkeiten und Fertigkeiten

Welche psychologischen Anforderungen ergeben sich im Konkreten an den Verkäufer?

Ein erfolgreicher Verkäufer sollte die Fähigkeit besitzen, auf psychologische Vorgänge, die sich im Verkaufsgespräch ergeben, Einfluss zu nehmen. Das setzt wiederum Wissen und Erfahrungen voraus, um erfolgreich tätig zu sein.
Einige wichtige Tipps können helfen, psychologische Aspekte im Verkaufsgespräch besser zu erkennen und die entsprechenden Handlungsstrategien auf die Spezifik des Kunden auszurichten.
Eine der wichtigsten psychologischen Anforderungen ist die Menschenkenntnis eines Verkäufers. Hier besteht nach Erfahrungen in der Praxis zum Teil ein Mangel an Voraussetzungen und ein relativ großer Nachholbedarf in Fragen der Kundenpsychologie. Das liegt zum Teil darin begründet, dass Verkäufer in der Aus- und Weiterbildung nur wenig mit psychologischen Inhalten konfrontiert werden.
Dabei ist jedoch die Kundenpsychologie eines der wichtigsten Anliegen für einen erfolgreichen Ablauf eines Verkaufsgespräches.
Ein Verkäufer mit wenig Wissen und Erfahrungen über die Psyche des Kunden hat es schwer, insbesondere mit „Problemkunden" ein erfolgreiches Gespräch zu führen.
Dagegen sind psychologisch erfahrene und erfolgreiche Verkäufer besser in der Lage den Charaktertyp des Kunden auszumachen, auf sein Verhalten einzuwirken und Kundenkonflikte erfolgreich zu meistern.
Menschenkenntnis bedeutet, dass sich der Verkäufer ein annäherndes Bild über den Gesprächspartner/Kunden macht und zwar über sein Verhalten, seine Gestik, Mimik und Körperhaltung und Rhetorik.

Machen Sie sich einen ersten Eindruck über den Kunden, in dem Sie sich folgende Fragen stellen:

- Ist sein Verhalten: freundlich, ruhig, nett, zuvorkommend usw. oder gegenteilig?
- Ist seine Sprache: klar, verständlich, sachkundig usw. oder gegenteilig?
- Ist seine Stimme: angemessen, wohltuend, angenehme Stimmlage usw. oder gegenteilig?
- Ist sein Gesichtsausdruck: entspannt, freundlich, sympathisch usw. oder gegenteilig?
- Ist sein Augenkontakt: aufmerksam, vertrauensvoll, zielorientiert usw. oder gegenteilig?

Haben Sie den Kunden durch die Beantwortung der gestellten Fragen näher kennen gelernt und sich einen intuitiven Eindruck verschafft, wird es Ihnen leichter fallen, mit dem jeweiligen Kundentyp (Verhaltenseigenschaften des Kunden) zu verhandeln.

Diese Hinweise und Groborientierungen sollen Ihnen helfen, Kundentypen an ihrem Verhalten zu erkennen. Damit wird es Ihnen auch leichter fallen, die jeweiligen spezifischen Verhaltenseigenschaften in der Verkaufsverhandlung zu berücksichtigen. Wobei auch bemerkt werden muss, dass Sie nicht davon ausgehen dürfen, dass es sich grundsätzlich um einen sogenannten „Kundentyp X oder Y" handelt, dies könnte wiederum zu Fehleinschätzungen oder Vorurteilen führen.

Die nachfolgenden Hinweise und Groborientierungen sollten nicht als „Patentrezept" aufgefasst werden, sondern als Anleitungshilfen für eine erfolgreiche Verkaufsstrategie.

<u>Einige Beispiele:</u>

- Ist ein Kunde unentschlossen und unsicher, dann zeigen sich bei ihm Symptome wie Ratlosigkeit und Unentschlossenheit in der Entscheidungsfindung, wie z.B.: „Ich weiß nicht genau, für welches Produkt ich mich entscheiden soll." oder „Wozu würden Sie mir raten?".

Hilfen: Erfahren Sie die genaue Ursache, warum er so unentschlossen ist. Helfen Sie ihm bei der Kaufentscheidung durch nutzensbezogene Produktdemonstration. Sagen Sie ihm, welche Servicemöglichkeiten Sie ihm einräumen (Preiskulanz, Produktbetreuung, Umtauschmöglichkeiten, etc.) . Erklären Sie ihm, dass viele Kunden mit dem Produkt zufrieden sind, vor allem: Warum?

• Ist der Kunde arrogant, dann ist er in seinem Wesen und Äußerungen von sich eingenommen. Er wirkt überheblich in seiner Rhetorik, er ist ein „Besserwisser", er ist der „Tüchtigste und Erfolgreichste" usw.

Hilfen: Nicht in die Opposition gehen und zum Widerspruch herausfordern. Bleiben Sie höflich, vermitteln Sie ihm das Gefühl der Anerkennung. Gehen Sie auf seine Sonderwünsche oder Extras ein. Bieten Sie ihm Spitzenqualität an, das fördert und stimuliert seine Kaufbereitschaft.

• Ist ein Kunde misstrauisch und zurückhaltend, dann hat er sicherlich schon schlechte Erfahrungen mit dem Kauf eines Produktes gemacht. Er wurde vielleicht vom Kundenberater schlecht informiert oder das Produkt hat das Versprechen nicht gehalten, er ist enttäuscht worden.

Hilfen: Schaffen Sie Vertrauen, zeigen Sie Verständnis. Nehmen Sie sich Zeit für die Argumentation. Erläutern Sie ohne Übertreibung den Nutzen und die Vorteile des Produktes oder der Ware. Lassen Sie ihm wichtige Aspekte wiederholen. Geben Sie ihm Hinweise für mögliche Umtausch- und Garantieleistungen.

• Ist ein Kunde bescheiden, dann liegt es meistens daran, dass er mit seinem Einkommen sparsam umgehen muss. Er möchte möglichst für sein Geld ein gutes Produkt bekommen. Er vergleicht die Angebote anderer Unternehmen, um möglichst dasselbe Produkt oder dieselbe Ware preiswerter zu bekommen.

Hilfen: Verständnis dafür zeigen, preiswerte Alternativangebote vorstellen, Kosten- und Nutzensvorteile nennen. Auf Finanzierungskonditionen hinweisen, wie z.B. Kreditfinanzierung, Ratenkauf, Rabatte, Kulanz.

• Ist der Kunde schwerfällig und unbeholfen in der Entscheidung und im Begreifen, dann er ist träge und ungeschickt.

Hilfen: In diesem Fall sollten Sie viel Geduld aufbringen. Nicht überheblich reagieren, sondern die einfache Sprache des Kunden sprechen. Wecken Sie das Gefühl des Vertrauens und des Verständnisses. Erläutern Sie ihm auf eine einfache Art und Weise das Produkt oder die Ware und seine Vorteile solange, bis er es verstanden und begriffen hat.

- Ist ein Kunde hartnäckig und unnachgiebig im Verhandeln um ein Produkt oder um eine Ware. Ist er hart im Nehmen, wenn es um Qualität oder Preis geht.

Hilfen: Bleiben Sie ruhig und sachlich. Verhandeln Sie geschickt und finden Sie Ansätze für zugängliche Momente. Beweisen Sie Ihre pädagogisch - methodische und sachkundige Überlegenheit, um ihn auf diese Weise zu überzeugen.

Erfüllen Sie die Anforderungen an das Persönlichkeits- und Leistungsprofil?

Wenn Sie es genau wissen wollen, dann machen Sie doch folgenden Test:

Anforderungskatalog	Bewertung	
	Ja = 1 Punkt	Nur zum Teil = 0,5 Punkte
1. Besitzen Sie eine positive Einstellung zum Leben, zum Beruf und zu Ihrer Tätigkeit als Verkäufer?		
2. Fühlen Sie sich Wohl in der Rolle als Verkäufer?		
3. Gehen Sie ruhig, gelassen und mit einem Lächeln auf den Kunden zu?		
4. Fühlen Sie sich kompetent genug, um mit dem Kunden ein erfolgreiches Gespräch zu führen?		
5. Beherrschen Sie die notwendige Rhetorik, um auch in kritischen Situationen als Sieger hervorzugehen?		
6. Besitzen Sie die notwendigen Menschenkenntnisse und das Wissen, um den Kundentyp auszumachen und auf diesen erfolgreich Einfluss zu nehmen?		
7. Können Sie sich selbst motivieren und begeistern?		
8. Sind Sie den Herausforderungen eines erfolgreichen Verkäufers körperlich und psychisch gewachsen?		
9. Sind Sie von dem Produkt und dem Nutzen für den Kunden überzeugt?		
10. Halten Sie Kontakt zu Ihren Stammkunden?		
11. Haben Sie das Gefühl, Kunden immer zufrieden gestellt zu haben?		
12. Suchen Sie ständig nach neuen Ideen, Inhalten und Methoden, um noch besser zu werden?		
13. Passen Sie sich den neuen Anforderungen durch die Erweiterung Ihres Wissens und Könnens an?		
14. Beherrschen Sie die erfolgreiche Abwicklung von Einwänden und Reklamationen?		
15. Nehmen Sie sich die Zeit für Erholungsphase um fit zu bleiben?		

Auswertung:

Wenn Sie die Auswertung vornehmen, dann zählen Sie die Bewertungspunkte der einzelnen Anforderungsfragen von 1-15 zusammen.
Maximal können Sie, wenn Sie alle Fragen mit „ja" beantwortet haben, auf 15 Punkte kommen = 100%.

$$\text{Erreichen Sie aber nur 12 Gesamtpunkte} = \frac{100 \times 12}{15} = 80\%, \text{ dann kommen Sie auf}$$

80% der notwendigen Anforderungskriterien eines erfolgreichen Verkäufers.

Jetzt können Sie sich selbst testen, was Sie noch tun müssen, um Ihre eigenen Reserven zu mobilisieren und vorhandene Schwächen abzubauen.

2. Verkaufsstrategien eines erfolgreichen Verkäufers

2.1 Strategie der Verkaufsvorbereitung

Wichtig für die Vorbereitung von Kundengesprächen ist es, neben dem zeitlich-organisatorischen und inhaltlichen Teil, die Verhaltenseinstellung, die Einstellung auf die Gefühle der Kunden zu finden und der Glaube an den Sieg als wichtigste Zielstellung, die darin besteht, den Wunsch des Kunden zu erfüllen und die eigene Zielstellung als Sieger umzusetzen.

Zu dem letzteren Teil der Ausführungen, innere Einstellung, etc. wurde bereits im ersten Gliederungspunkt ausführlich darauf eingegangen.

Lesen Sie diesen Teil des Buches, damit Sie für die erste Phase der strategischen Vorbereitung gerüstet sind.

Die zweite Phase der Vorbereitung sind der zeitlich- organisatorische und der inhaltliche Teil, eine Form eines fixierten Ablaufplanes.

Dazu beachten Sie Folgendes:

Bevor Sie mit dem Gespräch beginnen, erarbeiten Sie sich einen Fahrplan, wie Sie die Verkaufsgespräche ablaufen lassen wollen. Denn eine gute Vorbereitung ist für den Erfolg des Gespräches mit dem Kunden von eminenter Bedeutung. Der Erfolg ist sozusagen vorprogrammiert. Sicherlich haben Sie schon mehrmals erlebt, dass Sie sich aus Zeitgründen nicht vorbereiten konnten und haben dabei feststellen müssen, dass das Gespräch nicht zu Ihrer Zufriedenheit und auch nicht zur Zufriedenheit des Kunden gelaufen ist. Vielleicht haben Sie sich auch gedacht, ich werde es schon packen, ich bin doch ein geschulter und erfahrener Verkäufer und haben dabei den Kunden unterschätzt.

Deshalb sollten Sie sich vom Sprichwort leiten lassen „Vorbeugen ist besser als Heilen".

Denn Kunde ist nicht gleich Kunde. Jeder der Kunden hat seine spezifischen Besonderheiten wie: Charaktereigenschaften, Erfahrungen und Wissen.

Um auf die spezifischen Besonderheiten des Kunden eingehen zu können und diese im Gespräch zu beachten und zu berücksichtigen, ist eine Vorbereitung unumgänglich.

Vorbereitung ist die „Generalprobe" des Gespräches.
Die Gespräche laufen im wesentlichen in vier Richtungen:

- Verkaufsgespräch im eigenen Unternehmen
- Verkaufsgespräch beim Kunden vor Ort des Auftraggebers
- Verkaufsgespräch auf Messen, Ausstellungen etc.
- Verkaufsgespräch am Telefon (Kundenanrufe, Werbegespräche etc.)

Was jeder Verkäufer braucht, egal in welche Richtungen er das Gespräch führt, ist ein Ablauf- und Verhandlungsplan.
Der Ablaufplan sollte sich mehr auf den zeitlichen-organisatorischen Ablauf beziehen, der Verhandlungsplan dagegen auf den inhaltlich-methodisch-didaktischen Teil.

Was gehört alles zur zeitlich-organisatorischen Vorbereitung?

Bei der zeitlichen Vorbereitung sollten Sie immer davon ausgehen: „Zeit kostet Geld". Die Zeit effektiv zu nutzen ist die Devise eines jeden Menschen, insbesondere aber eines Berufstätigen, egal in welcher Position er tätig ist. Arbeitszeit, Freizeit, Zeit für die Familie, Zeit für Erholung etc. ist kostbare Zeit, die geplant werden muss. Jeder von uns hat seine eigene Zeitplanung. Auch der Verkäufer muss seine ihm zur Verfügung stehende Zeit effektiv planen.
Sie werden vielleicht sagen, warum eine Zeitplanung, es kommt doch anders als man plant, wenn z.b. ein angemeldeter Kunde plötzlich den Termin für das Verkaufsgespräch absagt oder ein unangemeldeter vor der Tür steht. Sicherlich haben Sie sich vorher Gedanken gemacht, was mache ich, wenn ein solcher Fall eintritt. Warte ich auf den nächsten Kunden und verschenke dabei Zeit oder nutze ich die Zeit, um liegengebliebene Arbeiten zu erledigen, z.b. Auftrags- und Marketingbearbeitung, Kundenbesuche vorbereiten, Warenplatzierung, u.a.m. Auch solche Alternativlösungen sind in der Zeitablaufplanung zu berücksichtigen.

Zusammengefasst sollen folgende vier Säulen in den zeitlich-organisatorischen und inhaltlichen Vorbereitungsplan integriert sein:

1. **Zielformulierung**
2. **Zeitlich-organisatorischen Ablauf**
3. **Einsatz visueller Hilfsmittel und Verkaufshilfen**
4. **Inhaltliche Aspekte**

zu 1. Die Formulierung der eigener Zielstellungen besteht darin, den Kunden für den Kauf eines Produktes oder für eine Auftragserteilung zu begeistern. Dabei bedienen Sie sich vielfältiger Methoden und Taktiken, um dieses Ziel zu erreichen.
Ausführliche Hinweise dazu finden Sie im Gliederungspunkt **1.1 bis 1.3 und 2.3.**

zu 2. Der Plan des zeitlich-organisatorischen Ablaufes der Gesprächsvorbereitung von der Beratung bis zum Kundenauftrag könnte in folgender Schrittfolge geschehen:

- Begrüßen Sie den Kunden mit einem Lächeln höflich und zuvorkommend. Stellen Sie sich mit Ihrem Namen vor. Denken Sie daran, dass Ihr erster Auftritt durch die Begrüßung der wichtigste und entscheidenste Auftritt für die weiteren Gesprächsverhandlungen ist.

- Bieten Sie dem Kunden Platz und Getränke an. Es ist eine Höflichkeitsgeste, die beim Kunden gut ankommt.

- Bevor Sie das Gespräch beginnen, finden Sie die richtigen Einstiegsformulierungen, z.b. „Wie geht es Ihnen, hatten Sie eine gute Fahrt?"

- Stellen Sie Ihrem Kunden Ihr Aufgabenbereich vor. Geben Sie dem Kunden einen Überblick über die Firmenpsychologie, über die Unternehmensstruktur, über Waren- und Leistungsangebote etc.

- Fragen Sie den Kunden nach seinem Anliegen. Gehen Sie auf Wünsche und Probleme ein, wenn notwendig, auch nachfragen. Lassen Sie sich hier viel Zeit, um den genauen Kauf- bzw. Auftragswunsch zu ermitteln.

- Erläutern Sie dem Kunden mit einer ehrlichen kundenverständlichen Sprache und an Hand von Beispielen oder Objekten die Vor- und Nachteile der Waren, Produkte oder Dienstleistungen im Hinblick auf Preis, Leistung, und Qualität. Sagen Sie ihm, warum das Produkt bzw. die Dienstleistung „A" besser ist als „B".

- Achten Sie nach dem Angebot auf die Reaktion des Kunden. Ist sie zurückhaltend, abweisend oder bereitwillig. Reagieren Sie dann entsprechend durch Nachfragen und weiterer Erläuterungen, dabei keine Zwangsüberzeugung anstreben.

- Den Kunden auf mögliche Preiskonditionen, Preisnachlässe, Rabatte, Skonto, Garantie- und Serviceleistungen hinweisen und dabei die Kauf- oder Auftragsmotivation überzeugend aktivieren.

- Wenn Einigung erzielt wurde, dann Rechnung bzw. Quittung ausstellen. Bei Kundenaufträgen Vertrag abschließen, danach den Inhalt erläutern und Unterschriften beider Parteien vollziehen.

- Dank für das Kommen aussprechen. Viel Freude und Erfolg mit dem gekauften Gegenstand wünschen. Visitenkarte dem Kunden überreichen. Sagen Sie zum Schluss: „Ich bin immer für Sie da, immer wenn Sie es wünschen."

Beim zeitlich- organisatorischen Ablauf von der Begrüßung bis zur Verabschiedung, sollten Sie immer die Spezifik der Kundengruppen beachten. Denn es ist ein Unterschied, ob Sie mit einen Stammkunden das Gespräch führen oder mit einem Neukunden oder ob Sie vor Ort beim Kunden sind und mit ihm sprechen.

Was bringt für Sie eine zeitlich- organisierte Ablaufplanung?

* mehr Sicherheit und Ruhe beim Verkaufsgespräch mit Kunden
* Zeitersparnis und weniger Zersplitterung der Zeitrelevanz
* Zielgerichtetes Arbeiten mit weniger Ablenkung
* Verhinderung von Durcheinander im Zeitablauf
* Einsparung von Zeit, wenn ein Terminplan vorliegt
* Kundenbesuche können kontinuierlicher ablaufen.

Welche zeitraubenden und weniger nutzbringenden Aktivitäten (Zeitkiller) sollten Sie unbedingt meiden?

- Ablenkung bei einem Verkaufsgespräch z.b. durch den Kunden, wenn er allgemeine Fragen stellt oder sich nur informieren will, ohne die Absicht zu haben, etwas zu kaufen.

- Ablenkung durch eigene Mitarbeiter oder durch Ihren Vorgesetzten, durch banale Fragestellungen, die auch nach dem Verkaufsgespräch geklärt werden können. Sie werden in diesem Falle vom Gespräch abgelenkt, der „rote Faden" des Gespräches ist unterbrochen, und Sie benötigen einen neuen Anlauf für die Fortsetzung des Gespräches. Außerdem ist es grob unhöflich → Imageschaden.

- Gehen Sie nicht unvorbereitet in ein Verkaufsgespräch. Machen Sie sich vorher einen Fahrplan mit „Abfahrt und Ankunftszeit", mit Ziel und Ergebnis Ihres Gesprächs.

- Unterscheiden Sie in jedem Falle die Wichtigkeit und Nichtigkeit eines Gespräches. Legen Sie eine bestimmte Rangfolge fest, setzten Sie Prioritäten.

- Bestellen Sie nicht in jedem Falle den Kunden zum Gespräch vor Ort. Viele Fragen oder sogar alle Fragen können auch am Telefon beantwortet und geklärt werden.

- Lernen Sie auch „Nein" zu sagen, wenn Sie plötzlich vom Vorgesetzten einen Anruf erhalten, sofort zu Ihm zu kommen, obwohl Sie gerade vor dem Ende des Verkaufsgespräches sind.

zu 3. Zur Vorbereitung eines Verkaufsgespräches ist die Planung von visueller und bildhafter Darstellung von eminenter Bedeutung. Es ist Ihnen als Verkäufer nicht unbekannt, dass man in einem Gespräch, unterstützt mit bildhaften Darstellungen, dem Kunden weitaus besser das Produkt erläutern kann, als nur zu reden: „Denn ein Bild sagt mehr als tausend Wörter."

Das bildhafte Denken und Handeln ist bei einigen Verkäufern noch schwach ausgeprägt, obwohl doch jeder Verkäufer wissen sollte, dass die Merkfähigkeit und der emotionale Eindruck dadurch eindeutig höher liegen als das gesprochene Wort.

<u>Fazit für den Verkäufer:</u> Untermauern Sie das Gespräch mit visuellen Darstellungen. Sie werden erleben, der Kunde ist aufmerksamer, wird gesprächiger, begreift schneller, wirkt überzeugter, wird motiviert und ist von dem Produkt schneller begeistert.

Wann der Einsatz von visuellen Mitteln erfolgt und an welcher Stelle sie eingesetzt werden, hängt im wesentlichen vom Kunden ab, vom Produkt und der Dienstleistung und vom Interesse des Kunden.
Möchte der Kunde z.B. eine Waschmaschine kaufen, dann sollten Sie das Gespräch mit Prospekten und Modellen unterstützen.
Hat der Kunde die Absicht, eine neue Online-Anlage zu installieren, dann sollten Sie z.B. Modelle, technische Leistungsdiagramme, Prospekte u.a.m. zum Einsatz bringen.

Weitere Hilfsmittel/Verkaufshilfen zur visuellen Darstellung wären:

- Materialmuster
- Fotos
- Grafiken
- Referenzen über Produkte, Projekte und Kundenreferenzen
- Vergleichsmuster über Preis- Leistung- Qualität
- Aussagen über den Nachweis des Marktanteils eigener Produkte im Territorium
- Aussagen über die Beweisführung - warum das eigene Unternehmen besser ist als die Mitbewerber
- Aussagen über die Kundenzufriedenheit mit dem Unternehmen und seinen Produktionsangeboten.

zu 4. Ein zeitlich-organisatorischer Plan ist nicht vollständig und damit weniger nutzbringend, wenn nicht auch der inhaltliche Teil des Plans integriert ist. Nur ein komplexer Plan sichert auch eine erfolgreiche Vorbereitung und bringt Gewissheit für einen Kundenauftrag bzw. Verkaufserfolg.

Bei der inhaltlichen Vorbereitung sollte zunächst klargestellt werden, um welchen Kunden und um welche Art des Verkaufes es sich handelt. (Handelt es sich um einen Stammkunden oder um einen Neukunden?)
Weiterhin ist festzustellen: Wird das Verkaufsgespräch im Unternehmen, beim Kunden vor Ort oder am Telefon geführt?
Alle Arten des Verkaufes oder der Verhandlung haben im Grunde genommen ein Ziel, die Verhandlung begeisternd, kompetent und überzeugend zu führen. Geschieht es in der genannten Form, dann ist der Kunde am Ende der Verhandlung zufrieden und ein Kundenauftrag ist so gut wie sicher.

<u>Worauf sollten Sie sich als Verkäufer inhaltlich vorbereiten, welche Fragen sollten Sie sich selber stellen und beantworten?</u>

- <u>Was will ich</u> im Verkaufsgespräch mit dem Kunden erreichen, welches Ziel stelle ich mir?

- <u>Was sage ich</u> dem Kunden bei der Eröffnung des Verkaufsgespräches und wie sage ich es ihm, damit der erste Eindruck von mir beim Kunden ankommt?

- <u>Wie stelle ich</u> möglichst schnell fest, welchen „Typus" Kunde ich vor mir habe?

- <u>Wie stelle ich</u> mich auf den Typ des Kunden ein? Ist es ein launischer, ein ausgeglichener, ein zurückhaltender, ein impulsiver, ein empfindlicher oder ein ruhiger Kunde?

- <u>Wie gestalte ich</u> den Einstieg und die Reihenfolge des Gespräches? Frage ich nach der Begrüßung zuerst nach dem Anliegen des Kunden, oder frage ich zuerst nach dem Befinden des Kunden oder zuerst, wie die Fahrt hierher war, oder biete ich ihm zuerst Platz und Getränke an?

- <u>Wie gestalte ich</u> nach dem Einstieg die weitere Verkaufsrunde? Stelle ich dem Kunden zuerst das Unternehmen und sein Image vor, beginne ich gleich über das Anliegen des Kunden zu sprechen, oder sage ich gleich etwas zum Produkt-Leistungsangebot des Unternehmens?

- Auf welche weiteren inhaltlichen Schwerpunktfragen sollten Sie sich vorbereiten?

  - auf Nachfragen
  - auf Einwände
  - auf Produkt-Leistungsangebote und deren Qualität
  - auf Variantenvergleiche und auf ihre Vor- und Nachteile
  - auf Preis und Preisvergleiche
  - auf Garantie- und Serviceleistungsmöglichkeiten
  - auf Zahlungskonditionen sowie Preisnachlässe, Rabatte, Skonto etc.

- Wie plane ich den didaktisch-methodischen Ablauf des Gespräches? Welche Fragemethoden und Fragetechniken wähle ich, wie gehe ich methodisch klug vor, wenn der Kunde Einwände äußert. Wie reagiere ich auf Nachfragen, wie bereite ich einen nachvollziehbaren und für den Kunden verständlichen-methodischen Ablaufprozess für das Gespräch vor?

- Wie setze ich meine Menschenkenntnisse und psychologisch-rhetorischen Fähigkeiten sowie meine Kompetenzen am effektivsten ein, um Kunden für einen Kauf/Auftrag zu begeistern?

- Welche Unterlagen sollte ich für die Verhandlung bereithalten?

  - Kalkulationsbeispiel, z.B. auf dem Gebiet der Dienstleistung
  - Sortiments- und Preiskataloge
  - Prospekt- und Werbematerial
  - Beweismaterial, z.B. über Kundenzufriedenheit
  - Beweismaterial, z.B. über Produktqualität einschließlich Leistungsqualität
  - Bildmaterial, z.B. über Musterprojekte

2.2 Strategie der Kontaktaufnahme

Grundsätzlich sollten Sie sich als Verkäufer davon leiten lassen, dass der erste Kontakteindruck, den Sie beim Kunden erwecken, der Beste ist und Sie keine zweite Chance mehr haben, ihn zu wiederholen.

2.2.1 Erfolgsfaktor – Kundenorientierten Beziehungsaufbau vom ersten Tag der Kontaktaufnahme mit dem Kunden anstreben.

Ob die Kontaktaufnahme per Telefon, per E-mail, per Fax oder persönlich vor Ort geschieht, behandeln Sie den Kunden so, als ob er bereits bei Ihnen Stammkunde wäre.
Der erste Kontakt, oder besser gesagt, der erste Eindruck wird von den Kunden besonders wahrgenommen. Hier reagiert der Kunde sehr sensibel auf Freundlichkeit, auf Entgegenkommen, auf Engagement, auf Professionalität etc.. Der Kunde merkt sofort, wie die Kundenorientierung im wahrsten Sinne des Wortes umgesetzt wird oder ob diese nur z.b. im Imageprospekt oder in der Homepage steht.

Der Empfang beim Unternehmen, ob an der Informationsstelle oder am Kundenberatungsservice ist der unmittelbar erste direkte Anlaufpunkt für den Kunden. Von hier ab sollte man beim Kunden einen wohltuenden Eindruck erwecken, hier bin ich willkommen, hier bin ich gut aufgehoben, hier bin ich „König Kunde". Geht man so vor, dann sind die ersten Weichen eines persönlichen Vertrauensverhältnisses gestellt, und der Kunde gewinnt den Eindruck, in diesem Unternehmen wird nicht nur Kundenorientierung geschrieben, sondern auch in die Praxis umgesetzt.
Wenn beim Empfang der Smalltalk zur Zufriedenheit des Kunden gelaufen ist, beginnt nun das eigentliche Verkaufs- oder Beratungsgespräch. Hier liegen die eigentlichen Schwerpunkte und die entscheidenden Schnittstellen in der Kundenorientierung.
Es hängt jetzt wesentlich vom Verkäufer oder Berater ab, wie er es versteht mit seiner Ausstrahlungskraft, mit seinen rhetorischen Fähigkeiten, mit seinen Menschenkenntnissen und seiner fachlichen Kompetenz, Kunden für einen Auftrag zu gewinnen.
Begeisterung, rhetorisches Können, Menschenkenntnisse und fachliche Kompetenz in Übereinstimmung mit dem Image des Unternehmens, sind die wichtigsten Herausforderungen für die Unternehmen unserer Zeit geworden, die durch eine erfolgreich organisierte und durchgeführte Kundenorientierung maßgeblich die Kundenbindung beeinflussen.

Da meistens der erste Kontakt mit dem Kunden für den weiteren Verlauf entscheidend ist, kommt es insbesondere darauf an, die verbalen und nonverbalen Aspekte in den Vordergrund zu stellen.

Dazu zählen: - die Sprache
- die Gestik
- die Mimik und
- die Körperhaltung

Zu den verbalen und nonverbalen Aspekten wurde bereits ausführlich im ersten Gliederungspunkt Stellung genommen. Lesen Sie deshalb, bevor Sie den ersten Kontakt mit dem Kunden aufnehmen, nochmals diesen Gliederungspunkt durch und prägen Sie sich die wichtigsten Fakten ein, um selbstbewusst und sicher in das erste Gespräch zu gehen. Gerade Körpersprache ist ein wichtiges Element und ein Signal um Vertrauen und Zuneigung beim Kunden zu wecken.
Die Kontaktaufnahme ist stark abhängig von der jeweiligen Branche und von der Verkaufsform. Es ist ein Unterschied ob der Kunde sich im Lebensmittelcenter oder in einem Modegeschäft befindet, ob er sich selbst bedienen kann oder eine Beratung benötigt. Grundsätzlich zu beachten wäre auch, nicht gleich auf den Kunden zuzugehen und ihm nach seinem Anliegen Fragen und Hilfe anbieten. Ein solches Verhalten könnte sich auch kontraproduktiv auswirken. Lassen Sie dem Kunden ein wenig Zeit, um sich zu orientieren und sich auf die Kaufentscheidung vorzubereiten. Reagiert der Kunde hilflos und unentschlossen, dann sollten Sie auf den Kunden zugehen und ihm Hilfe anbieten. Die andere Variante wäre, wenn der Kunde, nachdem er sich orientiert hat, auf Sie zukommt, um sich möglicherweise von Ihnen beraten zu lassen.

<u>Welche Verhaltensstrategie sollten Sie sich unbedingt merken, um auf den Kunden bereits in der ersten Kontaktphase emotional und begeistert einzuwirken, mit dem Ziel, ihn in die richtige Position der Zuneigung, der Glaubwürdigkeit und des Vertrauens zu bringen?</u>

Beachten Sie dabei folgende Verhaltensnormen, mit denen Sie bereits in der vorangegangenen Ausführungen (Gliederungspunkt **1.**) konfrontiert worden sind.

<u>Folgende Tipps sollten Sie bei der Kontaktaufnahme beachten:</u>

- Stellen Sie sich mit Namen vor, wenn Sie den Kunden begrüßen, schauen Sie ihn dabei mit einem Lächeln und entspannt freundlicher Gestik in die Augen.
 Damit hätten Sie den Kunden schon auf Ihrer Seite.

- Gehen Sie nicht gleich in die Verkaufsstrategie über, gehen Sie auf das ein, was der Kunde sagt und was er wünscht.

- Heben Sie die persönlichen Eigenschaften des Kunden heraus und bewundern Sie diese, wie z.B.: - seine präzise Fragestellung
- seine ausgeprägte Sachkompetenz
- seine Gelassenheit und Ruhe

- Stellen Sie zuerst solche Fragen, die den Kunden aufwerten und ihn in eine Stimmung der Anerkennung bringen,
  wie z.B.: - Sie kennen sich aber gut in der Branche aus
  - Wenn ich sie so einschätzen darf, sind Sie eher ein guter Fachmann
  - Sie haben sicherlich ein gutes Image

- Suchen und betonen Sie Gemeinsamkeiten,
  wie z.B.: - Hobby
  - Sport
  - Musik
  - Reisen

- Wecken Sie Emotionen,
  wie z.B.: - Sie haben es aber weit geschafft
  - Sie haben einen hohen Intelligenzgrad
  - Sie können Menschen mit ihrer Rhetorik begeistern

- Dem Kunden zuhören bringt Ihnen Informationen und Ansätze für Ihr strategisches Verkaufsgespräch. Lassen Sie grundsätzlich den Kunden zuerst seine Wünsche, Vorstellungen, Interessen, Meinungen äußern, bevor sie Antworten oder Nachfragen wollen. Denken Sie daran: „Reden ist Silber – Schweigen ist Gold".

Anders als der direkte Kontakt mit dem Kunden vor Ort, ist der Kontaktbeziehungsaufbau per Telefon.

Diese Art des Kontaktbeziehungsaufbaus ist nicht visuell, sondern verbal durch Stimme und Sprache.
Da die Stimme das entscheidende Handwerkszeug bei der Vermittlung von Informationen ist, sollte hier vom Verkäufer besonderes Augenmerk gelegt werden, denn der Klang der Stimme wirkt stärker als viele Worte. Auch die Sprache selbst ist von Bedeutung, weil durch die Wortwahl das Telefonieren erst seinen eigentlichen Sinn und Zweck erfüllt. Es kommt nicht in erster Linie darauf an, dass Sie etwas sagen oder was Sie sagen, vielmehr wie Sie etwas sagen. Denken Sie an das Sprichwort: "Der Ton macht die Musik". Auch ein anderes Sprichwort bestätigt die Tatsache, dass die Art und Weise wie Sie es einem Kunden sagen, in welcher Stimmlage, mit welchem Tonfall, mit welcher Betonung oder auch mit welcher Prägnanz, immer mit Resonanz verbunden ist, denn: „Wie man in den Wald hineinruft, so schallt es auch zurück."

Welche Vor- und Nachteile hat ein Kundengespräch am Telefon?

Vorteile: 1. Schneller Kontakt zum Kunden oder Kunde zum Verkäufer, z.B.
Terminfestlegung für eine Gesprächsvereinbahrung vor Ort
2. Einsparung an Zeit und Kosten für beide Partner, z.B. bei
Warenlieferung
3. Schnellere Abwicklung und Bereitstellung von Waren und Produkten
für den Verkauf
4. Schnellere Auftragsauslösung und Auftragsbestätigung für
Warenlieferung oder für Kundenaufträge im Dienstleistungshandwerk
(insbesondere bei Stammkunden)
5. Schneller Kontakt mit Kunden bei Produktwerbung und
Neukundengewinnung
6. Klärung offener Fragen und Probleme

Nachteile: 1. Kein persönlicher Kontakt zwischen Verkäufer und Kunden
2. Der Verkäufer hat weniger Zeit für ein ausführliches und sachkundiges
Gespräch
3. Keine Überprüfung der bestellten und gelieferten Waren auf Funktion,
Design, Leistung und Qualität
4. Verkaufsgespräche sind oft mit superlativen Aussagen verbunden, die
nicht immer der Realität entsprechen, z.B. Übertreibung von Leistung
und Qualität einer Ware, Übertreibung von Dienstleistungsangeboten

Wichtig für den Verkäufer – „Auf dem Boden bleiben und die Wahrheit
sagen". Nur so bewahren Sie ihr eigenes Image und das Image Ihres
Unternehmens, und Ihre Kunden bleiben Ihnen treu.

Einige Tipps zum Verhalten beim Telefonieren

1. Sie sollten sich auf ein Gespräch gut vorbereiten und zwar rhetorisch, kompetent
und freundlich. Sie sollten wissen, was Sie sagen wollen bzw., was Sie dem
Kunden antworten, wie Sie antworten und wie Sie den Kunden begeistern wollen.

2. Es ist beim Telefonieren der Unterschied zu beachten, ob es sich um einen
Stammkunden handelt, um einen Neukunden, der bei Ihnen einen Auftrag erteilen
möchte, oder ob Sie eine Werbeaktion für Neukundengewinnung starten.
Jede dieser Kundenarten hat seine rhetorische Spezifik, die in jedem Fall beim
Telefonieren beachtet werden sollte. Sie werden es sicherlich angenehmer finden
und es leichter haben, mit einem Stammkunden, den Sie persönlich kennen, zu
kommunizieren, als z.B. mit einem Neukunden. Beim Neukunden sollten Sie sich
mehr Zeit lassen, wenn es um eine Verkaufsberatung geht. In diesem Fall ist es

wichtig, die rhetorischen Instrumente wie Stimme, Formulierung, Kompetenz und Motivation überzeugend zu demonstrieren. Besser wären Sie beraten, wenn Sie den Neukunden bitten, vor Ort ein persönliches Kundengespräch mit ihm zu führen.

Wichtig ist, ob Sie anrufen oder ein Kunde Sie anruft; immer darauf achten, dass Ihr Image und das Image Ihres Unternehmens dabei nicht beschädigt wird.

3. Welche Spezifik gilt es bei einem Telefongespräch gegenüber einem persönlichen Gespräch vor Ort zu berücksichtigen?

Da Sie beim Telefonieren wenig Zeit zur Verfügung haben, müssen Sie sich auf das Wesentliche beschränken, ohne dabei das rhetorische Verhalten zu vernachlässigen. Gehen Sie deshalb methodisch wie folgt vor:

a) Nach der Begrüßung und persönlichen Vorstellung fragen Sie den Kunden mit einer angenehmen, freundlichen, klaren und überzeugenden Stimme:
   - nach seinem Namen
   - welches Unternehmen er vertritt
   - nach seinem Anliegen.

b) Antworten sie dem Kunden:
   - freundlich kompetent
   - leicht verständlich
   - sachbezogen
   - präzise
   - begeisternd
   - überzeugend.

c) Bei Nachfragen oder Einwandfragen des Kunden:
   - gehen Sie konkret auf die Fragestellung ein
   - erläutern Sie dem Kunden mit einfachen Worten oder Beispielen seine Nachfragen oder Einwände
   - fragen Sie den Kunden, ob er Ihre Ausführungen verstanden hat
   - wenn Missverständnisse am Telefon nicht beseitigt werden konnten, dann bitten Sie den Kunden um ein persönliches Gespräch vor Ort. Laden Sie ihn dazu möglichst kurzfristig ein (persönliches Gespräch nicht auf die lange Bank schieben – sonst droht das Gespräch zu platzen).

Beachten Sie: Meistens ist eine Nachfrage oder ein Einwand ein Kaufsignal
         – bleiben sie am Kunden dran, räumen Sie schnellstens
           Missverständnisse aus!

2.3 Strategie der Verkaufsgesprächsgestaltung

2.3.1 Eröffnung des Verkaufsvorgespräches

Nachdem Sie sich gut auf die Verkaufsgespräche vorbereitet haben, gehen Sie jetzt den nächsten Schritt und eröffnen das Gespräch. Dabei sollten Sie nicht vergessen, vorher die äußerlichen Rahmenbedingungen für das Gespräch zu schaffen, wie:
- freundliche Umgebung
- störungsfreie Gesprächszone
- bequeme Sitz- bzw. Stehmöglichkeiten schaffen
- Bereitstellung von Getränken

Eröffnen Sie jetzt das Verkaufsgespräch
- in dem Sie den Kunden mit einem freundlichen Augenkontakt lächelnd, höflich und zuvorkommend begegnen
- indem Sie sich mit Namen vorstellen, Ihr Aufgabenbereich, Ihre Angebotsstruktur, Ihr Unternehmen vorstellen
- indem Sie dem Kunden Platz und Getränke anbieten
- indem Sie nach dem Namen des Kunden fragen

2.3.2 Auf das Verhalten des Kunden einstellen

Um ein erfolgreiches Gespräch durchführen zu können, ist es unverzichtbar, das Verhalten des Kunden genau zu beobachten, ihn als Typus zu erkennen und angepasst zu reagieren.
Im wesentlichen werden vier Temperamentstypen unterschieden, die meistens in Mischform mit anderen auftreten, jedoch ein Typ immer dominieren wird.
Wir unterscheiden vier Temperamentstypen, die sich wie folgt nach ihren Charaktereigenschaften und Verhalten klassifizieren lassen:

Der Choleriker: ist ein Typ, der schnell aufbrausend und emotional reagiert, ist kritikempfindlich aber auch nicht nachtragend, er ist hartnäckig im Verhalten und flüchtet nicht vor Resignation

Der Sanguiniker: ist ein aufgeschlossener, kontaktfreundlicher und lebhafter Typ. Besitzt ein ausgeprägtes Selbstvertrauen und nimmt eine optimistische Haltung ein; andererseits ist er auch leicht verstimmbar.
Er besitzt eine geringe Gefühlstiefe, eine gewisse Oberflächlichkeit und Unbeständigkeit

Der Melancholiker: ist ein ichbezogener Typ, der schwermütig und langsam reagiert. Er wird oft geprägt von Stimmungstiefs und Minderwertigkeitsgefühlen.

Pflegmatiker: ist gefühlsmäßig schwach ansprechbar, hat ein schwach ausgeprägtes Reaktionsvermögen (zu langsam und zu ruhig) und ist in der Entscheidungsfindung sehr schwerfällig

Neben dem Kennenlernen der Charaktere und Verhaltenseigenschaften der vier Temperamentstypen sollten Sie als Verkäufer auch über das Verhalten der Kundengruppen Bescheid wissen. Einige dieser Kundengruppen und ihrer Verhaltenseigenschaften sollten Sie sich als Verkäufer einprägen und diese im Verhandlungs- bzw. Verkaufsgesprächs für die jeweilige Kundengruppe nutzen.

Einige ausgewählte Kundengruppen:

- Frauen: haben bessere Einkaufserfahrungen gegenüber Männern, sie kaufen überlegter, preisbewusster, sachkundiger und nehmen sich mehr Zeit für den Einkauf

- Männer: haben weniger Zeit für den Einkauf, haben ein konkretes Einkaufsziel, ihr Interessengebiet des Einkaufens ist mehr der technisch- handwerkliche Bereich

- Senioren: nehmen sich viel Zeit für den Einkauf, möchten das persönliche Gespräch mit dem Verkäufer, setzten mehr auf bequeme, preiswerte und umweltfreundliche Produkte

- Jugendliche: kaufen preisbewusst, legen großen Wert auf Marken- und Modewaren

- Weitere Kunden wären: Behinderte, Kinder, Ausländer, usw.

- Weiterhin: Stammkunden, Laufkunden, Orientierungskunden.

Wie Sie sich auf das Verhalten der einzelnen Temperamentstypen mit Erfolg einstellen können, dazu lesen Sie unbedingt die Hinweise im Gliederungspunkt **1.6.**

2.3.3 Die richtigen Fragetechniken einsetzten

Beim Einsatz von Fragetechniken geht es darum, die richtigen Fragen zu stellen, um vom Kunden Informationen zu erhalten über seine Wünsche, Vorstellungen, Meinungen und Absichten.
Mit Hilfe von Fragen können Sie als Verkäufer die Verkaufsverhandlung entscheidend navigieren und beeinflussen. Fragen haben den Vorteil, den Kunden zum Sprechen und Nachdenken zu aktivieren, schaffen eine angenehme Gesprächsatmosphäre, grenzen Einwände und Reklamationen ein und reduzieren die Gesprächsdauer bis zur Kaufentscheidung.

Es gibt eine Vielzahl von Fragestellungen und Fragearten, die sich in fünf Grundrichtungen klassifizieren lassen:

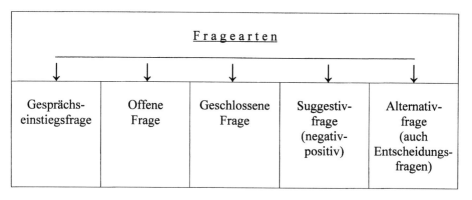

Gesprächseinstiegsfragen sind Beziehungsaufbaufragen

Es sind Fragen, die den Kunden persönlich in der Phase des Kennenlernens ansprechen sollen.

Beispiele: - Darf ich nach Ihrem Namen fragen?
- Darf ich Ihnen etwas zu trinken anbieten?
- Sind Sie gut hergekommen?
- Wie geht es Ihnen persönlich?
- Was ist der Anlass Ihres Besuches, über den ich mich herzlich freue?
- Ich wünsche uns eine gute und angenehme Gesprächsatmosphäre
- Steuern wir gemeinsam Ihr Ziel an

Offene Fragen sind Informationsfragen

Offene Fragen sind besonders geeignet, um den Wunsch und die Bedürfnisse des Kunden in Erfahrung zu bringen.
Der Fragesatz beginnt mit dem „W" (Was, Wie, Welche, Wann, Wozu, Wo, ...)

Beispiele: - Was kann ich für Sie tun?
            - Was darf ich Ihnen zeigen?
            - Wie teuer soll die Videokamera sein?
            - Welche Ansprüche stellen Sie an das Produkt?
            - Welche Vorstellungen haben Sie zur Qualität der Ware?
            - Weshalb erscheint Ihnen der Preis zu hoch?

Geschlossene Fragen sind Kontrollfragen und bringen die Dinge auf den Punkt

Bei Geschlossenen Fragen antwortet der Kunde mit „ja" oder „nein". Sie ist die Vorstufe für die Entscheidung. Hier wünscht der Verkäufer eine kurze und präzise Antwort. Sie eignet sich daher für die konkrete Bedarfsermittlung, für die Bestätigung des Warenangebotes und des Kosten- Nutzensverhältnisses der Ware bzw. der Dienstleistung.

Beispiele: - Sind Sie mit meinem Angebot, welches ich Ihnen vorgestellt habe, einverstanden?
            - Entspricht das Angebot Ihren Vorstellungen in Hinblick auf Qualität, Nutzen und Preis?
            - Möchten Sie das Gerät gleich mitnehmen?
            - Möchten Sie zu diesem Gerät noch Extras?
            - Haben Sie noch Fragen?

Suggestivfragen lenken und beeinflussen den Kunden

Sie sind geeignet, um Gemeinsamkeiten hervorzuheben oder eine Meinung bestätigen zu lassen.
Wir unterscheiden zwei Arten von Suggestivfragen:

1. Fragen, die dem Verkauf dienlich sind
2. Fragen, die den Verkauf blockieren oder sogar abbrechen lassen.

Die dem Verkauf dienlich sind und ihn unterstützen, bestätigen die Fragestellung mit „ja".

Beispiele: - Gerade diese Digital-Kamera sieht doch gut aus und garantiert Ihnen schöne Aufnahmen und Bilder?
- Der Anzug sieht doch gut aus?
- Meinen Sie nicht auch, dass der Fernseher ihren Wünschen entspricht?
- Sie wollten doch sicherlich eine Ware von hoher Qualität?

Fragen, die den Verkauf blockieren oder sogar abbrechen lassen, führen in den meisten Fällen zu der Antwort „nein". Sie kommen meistens dadurch zustande, indem der Verkäufer eine Entscheidung herbeiführt, die vom Kunden gar nicht gewollt war. Das könnte z.B. ein solcher Fall sein, wenn der Verkäufer nur den Umsatz sieht und weniger das eigentliche Interesse und Anliegen des Kunden, ihm ein solches Produkt oder solche Ware anzubieten, dass komplett den Wünschen des Kunden entspricht.

Fazit: Wird der Kunde zufriedengestellt, steigt der Umsatz, wird der Kunde enttäuscht, sinken das Image des Verkäufers und das des Unternehmens, einschließlich seiner Verkaufschancen.

Beispiele negativer Suggestivfragen:
- Sie sind nicht interessiert?
- Haben Sie keine Wünsche mehr?
- Sie benötigen mich wohl nicht mehr?
- Das war's dann?

Alternativfragen sind Entscheidungsfragen,

die den Kunden auffordern, sich von mehreren Möglichkeiten für eine zu entscheiden. Der Verkäufer hat die Aufgabe, mehrere Waren / bzw. Produkte zu präsentieren und dabei die Vor- und Nachteile und den Kundennutzen durch souveräne kundenorientierte Argumentation unter Beweis zu stellen.
Auf diese Weise wird dann das Gespräch zum erfolgreichen Abschluss geführt.

Beispiele für Alternativfragen:

- Bevorzugen Sie lieber den hellen oder den dunklen Anzug?
- Möchten Sie einen einfachen Gefrierschrank oder einen kombinierten mit Kühl- und Gefrierfächern?
- Möchten Sie ein Auto ohne Extras oder mit?
- Gefällt Ihnen die helle oder etwas dunklere Wohnzimmereinrichtung?

2.3.4 Kaufmotive der Kunden in Erfahrung bringen

Die Kaufmotive von Kunde zu Kunde können unterschiedlich ausfallen. Sie können überwiegend emotional geprägt sein, wenn ein Kunde z.b. ein „Lieblingsstück" wie Oldtimer-Auto als Kaufmotiv nennt. In diesem Fall spielt die Gefühlserwartung des Kunden eine übergeordnete Rolle, wie:

- Alters- und Schönheitswert
- Formgestaltung
- Qualität der Materialverarbeitung
- Farbe
- etc.

weniger dagegen:

- der Preis
- der Nutzenseffekt
- die Zweckmäßigkeit
- etc.

weitere Verhandlungssignale von emotionalen Kaufmotiven können sein:

- Markenartikel
- Neuheitsgrad der Ware
- Bekanntheitsgrad der Produkte / Waren und des Herstellers
- An- und Aussehen der Ware
- persönlichkeitsbetonte Kleidung und andere Warenartikel, z.B. Duftnote, Genussmittel, u.a.m.
- aktuelle Modeartikel
- prestigebetonte Luxusartikel

Die überwiegende Anzahl der Kunden legt Wert auf die sachlich- nüchterne Komponente, wie z.B. auf:

- Wirtschaftlichkeit
- Zweckmäßigkeit
- Nutzenseffekt
- Zeiteinsparung

- Gebrauchswerteigenschaften
- Preis- Nutzenverhältnis
- u.a.m.

Wobei nicht absolut gesagt werden kann, dass es zwei Arten von Kaufmotiven gibt, vielmehr sind es Mischformen, die sich miteinander ergänzen.
Neben der Vielzahl von Kaufmotiven sollen hier die Häufigsten genannt werden:

1. Der Kauf von Waren / Produkten für einen möglichst geringen Preis. Hier geht es dem Kunden darum, für einen bestimmten Betrag möglichst viel einkaufen zu können. Dazu zählen:
   - Sonderangebote
   - Preisnachlässe
   - Geräte, die Energie einsparen
   - Geräte, die Zeit einsparen
   - u.a.m.

2. Kunden legen beim Kauf einer Ware oder eines Produktes Wert auf Sicherheit, Zuverlässigkeit und Qualität. Äußerungen des Kunden lassen erkennen, dass er den Kauf von Maschinen, Geräten, Autos, und anderen technischen Gegenstände von den genannten Parametern abhängig macht. Der Kunde möchte sich vor Risiken und Verlusten absichern, um nicht im Nachhinein mit Reklamationsproblemen konfrontiert zu werden.

3. Das Verhalten des Kunden lässt erkennen, dass bei ihm:
   - das Prestigebedürfnis,
   - das Selbstwertgefühl
   - das Geltungsbedürfnis
   - die Anerkennung
   dominiert und er mit Waren oder Produkten präsentieren möchte, die das Ansehen und die Anerkennung seiner Persönlichkeit hervorheben, so z.B.:
   - Markenautos
   - auffallende Kleidung
   - teurer Schmuck
   - exklusive Möbel
   - u.a.m.

4. Bei einer immer mehr zunehmenden Anzahl von Kunden zeigt sich der Trend gesundheitsbewusst zu leben, um das Wohlbefinden zu erhöhen und dem Krankheitsrisiko vorzubeugen. Deshalb kaufen diese Kunden vordergründig folgende Waren oder Produkte:
   - Bio-Nahrungsmittel
   - Lebensmittel mit wenig Kalorien- und Fettgehalt und hohem Frischegrad

- Naturkosmetik
- Gebrauchsgegenstände ohne Schadstoffe, umweltfreundlich und gesundheitsfördernd

5. Schnäppcheneinkäufer orientieren sich auf Billigeinkäufe. Ihr Kaufmotiv besteht darin, möglichst viel und billig einzukaufen. Bei ihnen steht nicht die Qualität sondern die Quantität als die Masse im Vordergrund.

Die hier aufgezählten möglichen Kaufmotive geben darüber Auskunft, was den Kunden zum Kauf animiert. Es hängt jetzt vom Verkäufer ab, wie er es versteht, durch Begeisterung und kompetente Kundenorientierung in Form von geschickter
- Warenpräsentation
- Kaufargumentation
- emotionale und kompetenten Gesprächsführung
den Kunden für eine Kaufentscheidung zu überzeugen.

2.3.5 Erfolgreich argumentieren, ein wichtiger Faktor des Personal Seelings

Nachdem Sie sich als Verkäufer die wesentliche Wissensvorleistung für eine erfolgreiche Argumentation angeeignet haben, sind Sie jetzt auch kompetent genug, ein erfolgreiches Argumentationsgespräch zu führen.

Hier noch einmal zusammengefasst die wichtigsten Fragestellungen und die dazu gehörigen Antworten, die Sie den Gliederungspunkten **1.2 bis 1.6 und 2.1 bis 2.2** entnehmen und die Sie vor der Argumentationsphase unbedingt noch einmal nachlesen sollten:

- Wie Sie sich selbst motivieren und begeistern und dieses auf den Kunden übertragen können!
- Wie Sie sich die rhetorischen Fähigkeiten aneignen können und diese in der Verkaufsargumentation umsetzen!
- Wie Sie psychologische Menschenkenntnisse erfolgreich für die Argumentation einsetzen!
- Wie Sie die Kontaktaufnahme nutzen, um einen erfolgreichen Einstieg in das Verkaufsgespräch zu gewährleisten!
- Wie Sie ein Verkaufsgespräch richtig eröffnen sollten!
- Wie Sie sich geschickt auf das Verhalten der Kunden einstellen sollten!
- Wie Sie die richtigen Fragetechniken einsetzen sollten, um das Verkaufsgespräch erfolgreich navigieren zu können!
- Wie man die Kaufmotive beim Kunden erkennen und diese als Ausgangsbasis für die Verkaufsargumentation nutzbar machen kann!

Als Verkäufer müssen Sie, wenn Sie wirkungsvoll argumentieren wollen, dem Kunden das Gefühl geben und das Vertrauen erwecken, dass das Angebot, welches Sie dem Kunden machen, auch seinen Bedürfnissen und Wünschen entspricht. Dazu zählen der persönliche Nutzen sowie die vielen Vorteile, die die Waren- oder Produkteigenschaften für den Kunden haben.

In Ihrer Argumentation sollten Sie die Signale der potentiellen Kaufmotive unbedingt beachten und diese entsprechend der Motivlage verstärkt in der Entscheidungsfindung argumentieren. So könnten Äußerungen von Wünschen auf Kaufmotive hinweisen, wenn der Kunde z.B. sagt:

- „Ich suche einen modernen Anzug.", oder
- „Ist das Gerät einfach in der Bedienung?", oder
- „Wo finde ich ein Kopiergerät, mit einer hohen Kopiergeschwindigkeit?", oder
- „Ich beabsichtige einen PKW zu kaufen mit niedrigem Benzinverbrauch, günstigen Abgasnormen, niedriger Versicherung und Kfz-Steuern."

Solche und analoge Aussagen sind ein Beweis dafür, dass der Kunde Interesse am Kauf einer Ware anmeldet.

Wir unterscheiden im wesentlichen folgende Argumentationsstrategien:

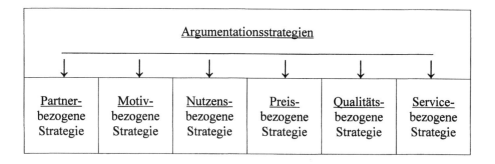

Argumentationsstrategien					
↓	↓	↓	↓	↓	↓
Partner-bezogene Strategie	Motiv-bezogene Strategie	Nutzens-bezogene Strategie	Preis-bezogene Strategie	Qualitäts-bezogene Strategie	Service-bezogene Strategie

2.3.5.1 Partnerbezogene Argumentationsstrategie

Bei der partnerbezogenen Argumentation sollten Sie als Verkäufer immer aus der Sicht des Kunden argumentieren. So sollten Sie, wenn Sie z.b. die Nutzensvorteile einer Ware hervorheben wollen, kurz und verständlich die Vorteile nennen.
Sie sollten z.b. nicht sagen „Das steigert..."
          sondern sagen „ Damit steigern Sie ..."

          nicht sagen „Damit spart man ..."
          sondern sagen „ Dadurch sparen Sie ..."

          nicht sagen „Das ermöglicht ..."
          sondern sagen „ Das ermöglicht Ihnen ..."

Beispiele:
- Mit dieser Spülmaschine sparen Sie neben Zeit und Bequemlichkeit, 10% an Wasser und 5% an Energie ein!
- Diese Creme ist nicht nur vitaminreich sondern auch hautverträglich
- Der Teppich ist nicht nur preiswert sondern auch frei von Schadstoffen

2.3.5.2 Motivbezogene Argumentationsstrategie

Wenn Sie die Kaufmotive beim Kunden klar erkennen, sollten Sie als Verkäufer auch motivbezogen argumentieren und direkt auf die Wünsche des Kunden eingehen.

Beispiel: Ein Kunde möchte eine Kamera kaufen

Kunde: „Ich suche eine Kamera die leicht ist und viele Einstellungsmöglichkeiten besitzt!"
Verkäufer: „Und wie wichtig ist Ihnen dabei die automatische Scharfeinstellung?"
Kunde: „Sehr wichtig!"
Verkäufer: „Möchten Sie eine, die auch digitale Photos macht, die Sie dann am PC betrachten und verändern können?"
Kunde: „Das wäre toll!"
Verkäufer: „Sie möchten eine Kamera, die leicht und klein ist, die sich automatisch scharf einstellt und mit der Sie Photos auf dem PC betrachten und verändern können!"
Kunde: „ Ja, die möchte ich!"
Verkäufer: „ Die Kamera hat für Sie folgende Vorteile: Sie ist leicht, hat viele Einstellmöglichkeiten, ist einfach zu bedienen, sie hat schnelle automatische Einstellmöglichkeiten und Sie können die Photos auf dem PC nachbearbeiten."
Kunde: „Ich bin bereit, dieses Modell zu kaufen!"

2.3.5.3 Nutzenbezogene Argumentationsstrategie

Bei der nutzenbezogenen Strategie geht es beim Kunden vordergründig darum, den Nutzen in den Mittelpunkt der Argumentation zu stellen.
Er möchte wissen, wenn er eine Ware oder ein Produkt kauft, welcher konkrete Nutzen für ihn dabei rauskommt. Für Sie als Verkäufer ergibt sich daraus die Aufgabe, dem Kunden an Hand von Fakten den Nutzen der Ware oder des Produktes zu erläutern.
Kriterien für den Nachweis des Kundennutzens einer Ware oder eines Produktes könnten u.a. sein:

- Zeiteinsparung, z.B.:
  - für Tätigkeiten im Haushalt,
  - für die Gartenarbeit
  - für Büroarbeiten
  - etc.

- Kosteneinsparung, z.B.:
  - PKW mit geringem Kraftstoffverbrauch
  - Kühlschrank mit niedrigem Stromverbrauch
  - Rasenmäher mit einer hohen Leistungs- und Nutzungsdauer

- Markenwaren, z.B.:
  - mit längerer Trage- oder Nutzungsdauer durch hohe Materialgüte,
  - hohe Qualität und Attraktivität

- Waren oder Produkte:
  - mit vielen Extras
  - leichte und übersichtliche Bedienbarkeit
  - mit umweltfreundlicher Ausstattung
  - mit einem guten und zweckmäßigem Design

2.3.5.4 Preisbezogene Argumentationsstrategie

Der Preis ist eine der wichtigsten Fragestellungen des Kunden. Für Sie als Verkäufer eine der aufwendigsten und schwierigsten Argumentation.
Die Preisfrage steht immer im Verhältnis zum Nutzen, der sich aus Vorteilen einer Ware oder eines Produktes erklären lässt. Der Kunde fragt nicht in erster Linie nach der Qualität (es gibt Ausnahmen) vielmehr nach dem Preis und an zweiter Stelle nach den Waren- oder Produkteigenschaften. Der Kunde wird meistens nie bestätigen, dass der Preis richtig liegt.

Er vermutet meistens, dass beim Preisangebot noch ein gewisser Spielraum vorhanden ist und er übervorteilt wird. Es kommt jetzt für Sie als Verkäufer darauf an, mit viel Geschick, Gefühl, Sachkenntnis und nachvollziehbarer Argumentation den Kunden von der Richtigkeit des Preises zu überzeugen. Dabei sollten Sie nicht vergessen, zuerst den Nutzen der Ware dem Kunden verständlich vorzustellen. Damit schaffen Sie eine bessere Ausgangsbasis für die Rechtfertigung der Preisargumentation.

Nennen Sie den Preis auch dann nicht, wenn der Kunde zuerst danach fragt, es sei denn, Sie haben Sonderangebote, die sie für einen bestimmten Preis abgeben möchten.

Um den Kunden den Preis überzeugend zu demonstrieren und zu rechtfertigen, haben sich in der Verkaufspraxis folgende Methoden bewährt:

● Die Preisverteilungsmethode

Bei dieser Methode verteilen Sie den Preis einer Ware oder eines Produktes auf kleinere Mengen zurück oder verteilen diese auf die Nutzungsdauer.

Beispiele: -   Diese große Packung Haarwäsche (500ml) kostet für Sie 2,50 Euro und reicht für ca. 10 Wochen. Eine Anwendung kostet nur ... Cent.
   -   Dieser Rasenmäher hat eine Nutzungsdauer von 8 Jahren. Die Abschreibungskosten liegen jährlich bei 20,00 Euro, das sind 1,67 Euro monatlich.

● Die Preisbestandteilmethode

Sie trennen den Gesamtpreis in einzelne Bestandteilpreise.

Beispiel: Kauf eines PKW,

Grundmodell	19.100,00 Euro
dazu elektronisches Schiebe- Hubdach	780,00 Euro
dazu Radio MB Audio	510,00 Euro
dazu Navigation	1.100,00 Euro
dazu	

Mit dieser Methode wird der Gesamtpreis auf Einzelpreise aufgeschlüsselt. Damit kann der Kunde genau nachvollziehen, ob er die vielen Extras bzw. Aufpreise sich finanziell leisten kann oder nicht. Sie ist sehr eng mit den subjektiven und objektiven Überlegungen des Kunden verbunden und hängt unmittelbar von dem jeweiligen Menschentyp und seiner finanziellen Lage ab.

● Die Vergleichspreismethode

Als Verkäufer vergleichen Sie das vom Kunden gewünschte Produkt mit einem teureren Produkt, welches annähernd die gleichen Nutzens- und Qualitätseigenschaften besitzt, wie das von ihm gewünschte. Damit machen Sie dem Kunden deutlich, dass das Produkt gar nicht teuer ist und sogar Einkaufsvorteile hat.

<u>Beispiel:</u> Machen Sie dem Kunden deutlich, dass sein gewünschtes Produkt sogar billiger ausfallen kann, wenn er auf Markenprodukte verzichtet. Obwohl bei der Gegenüberstellung beider Produkte es keine wesentlichen Qualitäts- und Nutzungseigenschaften gibt, zahlt der Kunde auf das Markenprodukt drauf.

Markenprodukt   460,00 Euro
Produkt <u>ohne</u> Markenzeichen   410,00 Euro
In diesem Falle hat der Kunde <u>50,00 Euro</u> eingespart.

● Die Verharmlosungspreismethode

Mit dieser Methode möchten Sie als Verkäufer den Aufpreis einer Ware oder eines Produktes bagatellisieren. Sie verheimlichen den Aufpreis für diese Ware. In diesem Fall müssen Sie als Verkäufer mit besonderer Vorsicht und Geschick argumentieren, um nicht in den Verdacht zu kommen, dem Kunden etwas aufzuzwingen.

<u>Beispiel:</u> Das Gerät X kostet   320,00 Euro
         Das Gerät Y kostet   290,00 Euro

Da dem Kunden das Gerät X mehr zusagt und der Preisunterschied nur bei 30,00 Euro differiert, wird der Kunde sicherlich das Gerät auch kaufen.
Falls der Kunde eine Erklärung von Ihnen erwartet, warum das Gerät Y billiger ist, dann sollten Sie mit konkreten Fakten argumentieren und die Vor- und Nachteile beider Geräte hervorheben, (z.B. Gerät X hat bessere Design oder leichtere und übersichtlichere Bedienbarkeit, oder …).

● Die Kulanzpreismethode

<u>Beispiel:</u> Sollte der Kunde mit dem vorgeschlagenen Preis nicht einverstanden sein und neigt er dazu, nicht weiter zu verhandeln, dann bieten Sie aus Kulanz ein Preisnachlass an, vorausgesetzt, dass dieser in der Preisqualität enthalten ist. Fangen Sie nicht gleich mit dem höchsten Preisnachlass an, sondern verhandeln Sie erst mit dem niedrigsten. Dieser kann in Form von Rabatten, Sonderkonditionen oder mit einem Skonto

gewährt werden. Auch Zahlungskonditionen können vereinbart werden, wie Teilzahlungen. Oder die Gewährung von Krediten wäre eine weitere Möglichkeit.

2.3.5.5 Qualitätsbezogene Argumentationsstrategie

Anspruchsvolle Kunden haben das Bedürfnis, Qualität zu kaufen. Das Produkt oder die Ware muss voll ihren Vorstellungen über Qualität entsprechen.

<u>Welche Vorstellungen hat ein Kunde über Waren- oder Produktqualität?</u>

- Ein Kunde möchte, dass seine Vorstellungen über Qualität dem Angebot voll entsprechen.

- Ein Kunde möchte eine Ware oder ein Produkt kaufen, das sich in der Qualität und im Preis von der Konkurrenz abhebt.

- Ein Kunde möchte eine Ware oder ein Produkt kaufen, das einen hohen Waren- und Produktstandard aufweist. Hierzu zählen Leistung, Zuverlässigkeit, Sicherheit, Umweltfreundlichkeit, ökologisch unbedenklich etc.

- Ein Kunde möchte eine Ware oder ein Produkt kaufen, das einfach in der Wartung und Bedienbarkeit ist.

- Ein Kunde möchte eine Ware oder ein Produkt kaufen, das mit der Gewährung von entsprechenden Garantieleistungen und langfristigen Serviceleistungen vertraglich geregelt wird.

- Ein Kunde möchte, dass die angebotenen Leistungen seinen Qualitätsvorstellungen voll entsprechen.
  Dazu zählen: - Qualität in der Beratung und im Verkauf
  - Produktqualität
  - Materialqualität
  - Reparaturqualität
  - Arbeitsleistungsqualität
  - Garantiequalität
  - Servicequalität
  - gutes Preis-Leistungsverhältnis
  - Kulanz bei Reklamationsproblemen

Im Nahrungsmittelbereich sind andere Kriterien von Bedeutung, die die Qualität der Produkte oder des Sortiments bestimmen.

So beurteilt der Kunde das Produkt nach Geschmack, Geruch, Aussehen, Haltbarkeitsdatum und nach Herkunft.

Der Kunde kann durch eine Kostprobe genau entscheiden, ob das Sortiment seiner Geschmacksrichtung entspricht oder nicht.

Beim Geruch beurteilt der Kunde die Warenqualität, ob sie frisch angenehm oder bereits verdorben ist.

Beim Aussehen erkennt das Auge des Kunden z.B. die Frische eines Gemüses, an der Farbe den Reifegrad z.B. von Äpfeln.

Das Haltbarkeitsdatum gibt dem Kunden Auskunft über Frische und Dauer der Genießbarkeit.

Auch die Herkunft des jeweiligen Sortiments ist für den Kunden entscheidendes Qualitätskriterium, das seine Kaufentscheidung mitbestimmt, so z.B. Spreewälder Gurken, Schweizer Käse, Bio-Produkte... .

Um das Verkaufsgespräch zu Qualitätsfragen zur Zufriedenheit der Kunden zu führen, müssen Sie nicht nur rhetorisch gut vorbereitet sein, sondern auch ein kompetentes Fachwissen besitzen. Das setzt im einzelnen Folgendes voraus:

- Grundlagenwissen auf dem Gebiet des Qualitätsmanagements
- ausgeprägte Waren- und Sortimentskenntnisse
- Wissen und Können zur Beurteilung der Qualität an Hand von Kriterien und Merkmalen
- anspruchsvolles rhetorisches Wissen und Können, um Kunden von der Qualität zu überzeugen

2.3.5.6 Servicebezogene Argumentationsstrategie

Serviceleistung ist die Gesamtheit von Leistungen in Bezug auf das Produkt, auf die Ware oder auf die Dienstleistung, einschließlich Kundendienst.

Hier besteht eine enge qualitative Beziehung zum gekauften Produkt und den dazugehörigen Serviceleistungen. Produkt- und Servicequalität sind die Devise des Kunden. Werden diese beim Kauf eines Produktes und danach durch Serviceleistungen erfüllt, ist der Kunde zufrieden. Kommen noch persönliche Extraserviceleistungen hinzu, wenn z.B. das Auto eines Kunden zur Reparatur nicht nur abgeholt wird, sondern auch gewaschen zurückgebracht wird und der Kundendienst dem Kunden noch gute Fahrt wünscht, dann ist der Kunde nicht nur zufrieden, sondern begeistert von diesem Unternehmen.

Tatsachen in der Praxis bestätigen es immer wieder, wo guter Service geboten wird, dort wird auch gerne gekauft. Service ist und wird immer mehr zum Schlüsselfaktor für eine Kaufentscheidung. Es ist nicht anzunehmen, dass sich ein Kunde bei der Wahl zwischen zwei gleich teuren Produkten oder Dienstleistungen für das mit dem schlechteren Service entscheiden wird. Guter Service, verbunden mit hoher Qualität, sind Ansprüche, die der Kunde an das Unternehmen stellt.

Der Kunde sieht in den Serviceleistungen die Gesamtheit der Leistung. Nicht die einzelnen Elemente (z.b. Garantieleistungen) sind für ihn entscheidend, sondern die Komplexität aller Elemente und zwar in hoher Qualität.

Beispiel: Werden Wartungsarbeiten nicht termingerecht und in schlechter Qualität oder werden die versprochenen Qualitätsparameter beim Kauf eines Produktes nicht erfüllt, dann ist der Kunde enttäuscht. Er kauft dort nie wieder, er sucht sich ein anders Unternehmen. Die Glaubwürdigkeit und damit auch das Image dieses Unternehmens werden in Frage gestellt.

Welches sind für den Kunden die entscheidensten Faktoren für eine gute und begeisternde Serviceleistung?

1.Beratungsservice

Der Kunde möchte:
- einem freundlichen und gut gelaunten Verkäufer die Hand geben
- eine begeisternde, aufgeschlossene und ehrliche Gesprächsatmosphäre haben
- eine kompetente und kundenverständliche Verkaufsberatung haben
- eine vertrauensbildende produktbezogene Kaufverhandlung haben
- ein maßgeschneidertes Produktangebot haben
- eine Demonstration von Alternativprodukten und ihren Vor- und Nachteilen haben
- eine Beweisführung zur Leistungs- und Produktqualität im Verhältnis zum Preis haben
- dass Zahlungsmöglichkeiten angeboten werden (z.B. Ratenkauf, Kreditkauf, Inzahlungnahme, etc.)
- dass Preisnachlassmöglichkeiten eingeräumt werden (z.B. Rabatte, Skonto, etc.)
- dass Garantie- und Reklamationsansprüche aufgezeigt und fixiert werden
- einen weiterlaufenden Betreuungsservice (z.B. Nutzenserhalt, Angebotsinformationen, Serviceleistungsinformationen, etc.)

Im wesentlichen besteht der Produktservice aus zwei Bestandteilen, dem Grad der Leistung und ihrer Zuverlässigkeit und dem Nutzen für den Kunden.
Für einige Kunden ist die Zuverlässigkeit nicht ganz so wichtig. Sie verzichten z.B. aus finanziellen Gründen auf ein vollständiges Servicepaket und möchten ein Teil des Services selbst übernehmen.
Der größte Teil der Kunden ist jedoch bereit, einen hohen Preis für einen kompletten Service zu bezahlen. Überwiegend sind es solche Kunden, die es sich finanziell leisten können oder auch solche, die aus Kenntnis- und Erfahrungsmangel nicht fähig und in der Lage sind, Teilserviceleistungen selbst zu übernehmen.
Diese Teilserviceleistungen können sein:
Zusammenbauen einer Wohnzimmereinrichtung oder die Installation eines gekauften PC oder das Einbauen von gekauften Fenstern oder Türen, etc.

Wie möchte der Kunde die Produktserviceleistung verwirklicht sehen, was interessiert ihn vordergründig, was erwartet er vom Servicedienst?

2. Kundendienstservice

- Die Einhaltung der versprochenen Serviceleistungen termingerecht und in zugesagter Qualität.
- Das Aufstellen, Anschließen und Einstellen von Geräten oder Anlagen, einschließlich Probelauf.
- Die qualitäts- und termingerechte Einhaltung von Reparaturdienstleistungen
- Die kostenlose Beseitigung von Produkt- und Anlagenfehlern, Störfunktionen, etc..
- Die kostenlose Produktanlieferung und Rücknahme von Verpackungen.
- Die Einhaltung der vertraglich geregelten Garantie- und Serviceleistungen, termin- und qualitätsgerecht.
- Eine sachkundige Einweisung z.B. in einen installierten Elektroherd oder Bedienunterweisung z.B. eines installierten PCs.
- Ein einfaches, kundenverständliches Anleitungsmaterial für Funktions- und Ablaufprozesse eines Produktes oder einer Anlage.
- Die problemlose Umtauschgarantie von Produkten, Durchsetzung von Schadenersatzforderungen oder Geld- zurück- Garantie.
- Serviceleistungen auch außerhalb der üblichen Arbeitszeiten, sowie an Sonn- und Feiertagen z.B. im Falle einer Havarie oder anderen Ausfällen eines gekauften Produktes oder einer Anlage.
- Hotline-Service
- Eine freundliche, begeisternde und sachkundige Anleitung und Weiterbetreuung durch das Unternehmen bzw. das Servicepersonal.
- Eine Weiterbetreuung nach Ablauf der Garantieleistungen, möglichst bis Nutzungsende (trifft insbesondere für technische Anlagen zu, z.B. Heizungsanlagen aber auch z.B. für Autoservicedienstleistungen).

3. Kulanzservice

Machen Sie den Kunden auf die guten und anspruchsvollen Service- und Garantieleistungen Ihres Unternehmens aufmerksam.
Gute Service- und Garantieleistungen gehören nicht nur zum Verkaufsgebaren, sondern sie sind vielmehr dazu da, um den Kontakt zum Unternehmen zu halten.
Nur das Unternehmen, das bereit ist, viele kleine Extras für seine Kunden zu gewähren, wird langfristig seine Kunden halten. Die Zeit, die Sie für Service- und Garantieleistungen investieren, zahlt sich immer aus, nach dem Motto:

- Wer anderen hilft, hat nie umsonst gearbeitet.
- Durch Hilfe wird das Image des Unternehmens gestärkt.
- Mühe macht sich bezahlt und bindet Kunden.

Sagen Sie dem Kunden, welche Garantie- und Serviceleistungen Sie im Zusammenhang mit dem Kauf eines Produktes oder eines Kundenauftrages für Dienstleistungen übernehmen.

- Übernahme aller Garantieleistungen, gleich welcher Art sie sind, z.B. Umtausch, Austausch, Reparatur, technische Überprüfung einschließlich Überwachung
- Weiterführende Beratung und Betreuung der Stamm- und Neukunden
- Kurzfristige Erledigung aller anstehenden Garantie- und Serviceleistungen, z.B. Anlagenüberprüfung, Reparaturleistungen, Fehlerbehebung u.a.m.
- Aufrechterhalten jeglicher Art von Kontaktbeziehungen, z.B. durch Werbung, Angebotskataloge, persönliche Kontaktaufnahme u.a.m.

<u>Hier noch einmal eine Zusammenfassung der wichtigsten Serviceleistungen</u>

1. Allgemeine Serviceleistung
   - freundliche und kompetente Verkaufsberatung
   - Informationszentrale am Eingang
   - Optimale Warenplatzierung
   - Parkplätze möglichst ohne Parkgebühren
   - Einkaufswagen (kleine und große)
   - Zentrale für Reklamationen und Warenumtausch
   - Vermietung von Werkzeugen und Geräten
   - WC getrennt für Männer und Frauen und behindertengerecht
   - Fahrstühle oder Rolltreppe
   - Kinderspielräume
   - Cafeteria, Imbissstand
   - Annahme telefonischer Warenbestellung
   - Information über Internet, Kundenzeitschriften

2. Warenbezogene Serviceleistung
   - fachgerechte Warenverpackung
   - Aufstellen, Anschließen und Einstellen von Geräten
   - Wartungs- und Reparaturdienst und Ersatzteilservice
   - Warenanlieferung und Warenreservierung
   - Garantie- und Umtauschservice
   - Entsorgungsdienste für Altmöbel, Altgeräte, Verpackung

3. Serviceleistung für Zahlungsmodalitäten
   - Elektronik - Cash
   - Kundenkreditkarte
   - Kundenkredit
   - Kundenkredit nach Ratenkauf
   - Inzahlungnahme von Gebrauchsgeräten
   - Mietkauf (Leasing)

Fazit für die Verkaufsargumentation:
Serviceleistungen haben einen positiven Einfluss auf den Kunden. Sie wecken nicht nur Vertrauen, sondern sind auch Ansporn für Kaufentscheidungen. Diese positiven Momente müssen Sie als Verkäufer aufgreifen und die Serviceleistungen mit dem Kauf eines Produktes oder einer Ware in Verbindung bringen, mit dem Ziel, den zusätzlichen Nutzen für den Kunden besonders herauszustellen und zu betonen. Denn ein Produkt oder eine Ware verkauft sich weitaus besser, wenn der entsprechende Service dazu angeboten wird.

Merksatz: Gute servicebezogene Verkaufsargumente bringen Umsatz, schaffen Kundenzufriedenheit und sind Ansporn für Wiedereinkäufer.

2.4 Strategie des Abschlussgespräches

Wenn Sie die Kundenwünsche und Fragen befriedigend gelöst haben, der
Kunden - Nutzen und der Preis in Übereinstimmung geklärt wurden, dann sollte einer
Kaufeinigung nichts mehr im Wege stehen.
Doch es kommt auch in dieser Phase der Einigung manchmal noch zu kritischen
Situationen. Es werden Argumente vorgeschlagen, die nicht den Grund für die
fehlende Kaufbereitschaft darstellen, so z.B. „Ich muss mir das noch mal durch den
Kopf gehen lassen" oder „Ihr Preis ist mir immer noch zu hoch" oder „Ich möchte
noch mit meiner Frau sprechen".
Meistens tritt beim Kunden in dieser letzten Phase der Einigung eine gewisse
Unsicherheit und fehlender Entscheidungswille auf: „Soll ich das Produkt kaufen
oder soll ich nicht", „Finde ich noch etwas besseres?", „Ist der Preis nicht zu hoch?".

Anzeichen für eine grundsätzliche Kaufbereitschaft können folgende Sprach- und
Verhaltenssignale sein:

Sprachliche Erkennungssignale sind z.B.:
- die direkte Kaufäußerung
- die Frage nach Einzelheiten eines Kaufes
- die Frage nach Zusatzangeboten
- die Frage nach dem Kundendienst
- die Frage nach Garantie und Umtausch
- die Frage nach Referenzen
- die Frage nach Zahlungsbedingungen und Zeitpunkt der Lieferung

Verhaltenssignale sind z.B.:
- Zustimmung durch Kopfnicken
- lächelnder und zufriedener Gesichtsausdruck
- Körper kommt in eine symmetrische Haltung
- Pupillen werden größer
- tiefes Durchatmen
- Kopf kratzen
- Kinn reiben
- greift nach dem Produkt und prüft es nochmals

Auf diese Signale müssen Sie nun als Verkäufer eingehen, um nicht den Erfolg in
Frage zu stellen.
Ist der Kunde noch unentschlossen und zurückhaltend, dann sollten Sie folgende
Abschlusstechniken einsetzen:
Beim Einsatz dieser Techniken sollten Sie darauf achten, dass die positive
Gesprächsatmosphäre erhalten bleibt und jede Spannung vermieden wird. Auf
negative Äußerungen des Kunden sollten Sie durch geschickte Fragestellungen in
kluger rhetorischer Argumentation die Bedenken ausräumen.

Stellen Sie ein oder mehrere Kaufsignale beim Kunden fest, dann sollten Sie nachfolgende Abschlusstechniken nutzen, die Ihnen helfen werden, zu einem erfolgreichen Abschlussgespräch zu kommen.
Den Einsatz und die Wahl von Abschlusstechniken sollten Sie immer der Situation anpassen.

Folgende Techniken stehen Ihnen dafür zur Verfügung:

• Die Alternativtechnik

Als Verkäufer stellen Sie den Kunden vor einer grundsätzlichen Entscheidungsfrage und zwar vor „Ja" oder „Nein", indem Sie ihm zwei positive Alternativen anbieten wie z.B.:
„Möchten Sie das Produkt A lieber als das Produkt B?"
„Soll Ihr PKW eine Grundausstattung haben oder mit Extras?"
„Möchten Sie lieber den dunklen Anzug oder den etwas helleren?"

• Die Zusammenfassungstechnik

Hier fassen Sie als Verkäufer die wichtigsten Vorzüge, Vorteile oder den wichtigsten Nutzen, die der Kunde wünscht, zusammen, wobei Sie aus psychologischen Gründen das stärkste Argument zum Schluss bringen. Dadurch erkennt der Kunde sehr schnell, dass dieses Produkt seinen Vorstellungen entspricht.

• Die Empfehlungstechnik

Mit der Empfehlung kann man dem Kunden in seiner Entscheidungsfindung helfen und Unterstützung geben. Die Empfehlung, die Sie als Verkäufer den Kunden geben, ist sachbezogen und unterliegt einer exakten sachbezogenen Begründung und Überzeugungskunst.
Beispiele: Kunde: „Ich bin immer noch unentschlossen"
Verkäufer: „Bei diesem Angebot wählen viele Kunden …"
„Sie sind sicher gut beraten …"
Kunde: „Ja, das sind etwa auch meine Vorstellungen!"
Verkäufer: „Na, dann darf ich Ihnen das Produkt empfehlen!"

• Die Feststellungstechnik

Als Verkäufer stellen Sie dem Kunden mehrere geschickte Fragen, abgeleitet von dem vorangegangenen Kundengespräch. Sie kennen den Kunden, kennen seine

Vorstellungen und Wünsche, wissen also genau, welche Fragen er mit „Ja"
beantworten wird.

Beispiele: Verkäufer:„Sie sagten doch, Sie wollen ein schnurloses Telefon?"
Kunde: „Ja"
Verkäufer: „400 Meter Reichweite!"
Kunde: „Ja"
Verkäufer: „Lange Akku-Standby-Zeit!"
Kunde: „Ja"
Verkäufer: „Mit SMS-Fuktion!"
Kunde: „Ja"
Verkäufer: „600 Telefonbucheinträge!"
Kunde: „Ja"
Verkäufer: „Dann entspricht das Gerät Ihren Vorstellungen?"
Kunde: „Ja, das Gerät gefällt mir, ich nehme es!"

● **Die Reservetechnik**

Mit dieser Technik können Sie den Kunden aus der Reserve locken, um ihn doch
noch zum Kauf zu bewegen.
Beispiele: - „Ich habe vergessen zu sagen, dass dieses Produkt in diesem Jahr mit
dem Gütesiegel ausgezeichnet wurde!"
- „Ich kann mir nicht vorstellen, dass Sie mit dem Produkt nicht zufrieden
sein werden. Sollte das der Fall sein, dann nehmen wir das Produkt
innerhalb eines Zeitraumes von vierzehn Tagen wieder zurück."
- „Ich bin fest davon überzeugt, dass Sie an diesem Produkt Ihre wahre
Freude haben werden!"

2.5 Strategien der Serviceleistungen, der Zusatzangebote, der Kaufentscheidung und der Verabschiedung

2.5.1 Strategie des Services und der Zusatzeinkäufe

Ist der Kunde immer noch unentschlossen, dann versuchen Sie es doch mit dem zusätzlichen Service und dem Zusatzangebot zum Produkt oder der Ware. Mit dieser Strategie beeinflussen Sie maßgeblich die Kaufentscheidung des Kunden und für Ihr Unternehmen den zusätzlichen Umsatz. Sagen Sie dem Kunden, welche Serviceleistungen sie zusätzlich zum Produkt oder zur Ware anbieten und welchen zusätzlichen Nutzen und welche Vorteile er für sich in Anspruch nehmen kann. Informieren Sie den Kunden zuerst über mögliche Serviceleistungen, die Sie im Zusammenhang mit dem Produkt anbieten.
Als Grundlage für Ihre Argumentation sollten Sie die Hinweise, wie sie im Gliederungspunkt **2.3.5.6** dargestellt sind, unbedingt beachten, um Ihre eigene Argumentationsfähigkeit zu erhöhen.

Nachdem Sie die Serviceleistungen überzeugend dargestellt haben, sollten Sie jetzt dazu übergehen, den Kunden die Zusatzangebote schmackhaft zu machen. Zusatzangebote sollten bereits während der Warenrepräsentation oder nach dem Angebot von Serviceleistungen im Verkaufsgespräch eine Rolle spielen. Gutüberlegte und sinnvoll unterbreitete Zusatzangebote sind positive Auslöser, die den Kunden von der Nützlichkeit des Produktes und der dazugehörigen Zusatzartikel überzeugen. Es kommt auf Ihre Argumentation an, wie kompetent und mit welcher Überzeugungsrhetorik Sie den Kunden motivieren.

<u>Dazu zählen:</u> - das Zusatzangebot verständlich und anschaulich repräsentieren!
- wann und zu welchem Zeitpunkt sollten Sie über das Zusatzangebot sprechen?
- den Kunden auf die sinnvolle Ergänzung von Produkt und Zusatzartikel hinweisen und
- den Kundennutzen besonders herausstellen.

<u>Beispiele:</u> - Zusatzartikel sind deshalb sinnvoll und notwendig, weil diese unentbehrlich für die Funktionsbereitschaft, für die Komplettierung und die Verwendungsmöglichkeiten notwendig sind.
  • Schuhcreme, für Schuhe
  • Software, Drucker etc. für den PC
  • Hemd, Krawatte, Schuhe und Socken für einen Herrenanzug
  • Staubsaugerbeutel für Staubsauger

- Zusatzartikel werten das Ansehen und Geltungsbedürfnis auf, wenn
  • zum modernen Anzug, ein elegant- sportliches Hemd, eine passende Krawatte und passende Schuhe getragen werden.

- zum Auto ein Schiebedach, ein Navigationssystem, eine Klimaanlage, moderne Sporträder, etc. dazu gehören
- zum Kleid, eine moderne Kette, ein elegantes Armband, passendes Halstuch, modern- passende Schuhe u.a.m. geboten werden.

2.5.2 Strategie der Kaufentscheidung und der Verabschiedung

2.5.2.1 Kaufentscheidung

Hat sich der Kunde für ein Produkt oder eine Ware entschieden, dann bekräftigen Sie seine Kaufentscheidung, bevor er sich das anders überlegt.
Beglückwünschen Sie ihn für die Wahl, die er getroffen hat, und sagen Sie ihm noch einmal, dass er klug und überlegt gehandelt hat.
Danken Sie ihm für den Kauf und wünschen Sie ihm viel Freude und Erfolg mit dem gekauften Produkt und für die dazugehörigen Zusatzartikel.
Überprüfen Sie die Richtigkeit des Betrages. Danach begleiten Sie den Kunden zur Kasse, wo Sie dann selbst kassieren oder kassieren lassen.
Verpacken Sie die Ware gründlich, sorgfältig und möglichst handlich, um Transportschäden zu vermeiden.

2.5.2.2 Verabschiedung

Verabschieden Sie den Kunden freundlich und in die Augen schauend. Sagen Sie nochmals „Danke für den Einkauf" und verbinden Sie den Dank mit „auf ein baldiges Wiedersehen". Sagen Sie dem Kunden zum Schluss, dass er jederzeit willkommen ist, sowohl für einen weiteren Einkauf, als auch für ein beratendes Gespräch.
Vergessen Sie nicht, dem Kunden eine Visitenkarte zu geben und die Bitte für Weiterempfehlung auszusprechen.

Hier eine Kurzzusammenfassung einer kundenorientierten und professionellen Verabschiedung

Bei der Verabschiedung sollten Sie auf keinen Fall Hektik walten lassen, mit der Begründung, es wartet ja schon der nächste Kunde, der bedient werden will, oder nach dem Motto, „Zeit kostet Geld" oder „Mehr Kunden bringen mehr Geld".
Eine solche Einstellung und ein solches Verhalten hat negative Folgen, nicht nur auf die Wiedereinkäufe, sondern auch und das insbesondere auf die Kundenpflege und Neukundengewinnung.
Wird der Kunde in einer Form verabschiedet, die auf ihn wohltuend freundlich, gelassen und begeisternd einwirkt, dann ist der Kunde nicht nur mit dem gekauften Produkt zufrieden, sondern auch mit Ihrer kompetenten und freundlichen Verkaufsberatung bis hin zu einer eindrucksvollen Verabschiedung.

Damit schlagen Sie zwei Fliegen mit einer Klappe.

1. Ihre Beratung war ein Verkauferfolg und ein Impuls für weitere Erfolge.
2. Sie haben einen zufriedenen Kunden verabschiedet ,der nicht nur wiederkommt, sondern gleichzeitig Werbeträger durch die Mund- zu Mundpropaganda wird.

Fazit für Sie als Verkäufer:
- der erste Eindruck, durch eine sympathische und vertrauensvolle Kontaktaufnahme,
- der zweite Eindruck, durch ein kundenbezogenes, rhetorische-motiviertes und kompetentes Verkaufsgespräch und
- der dritte Eindruck, durch eine freundliche, eindrucksvolle und für den Kunden wohltuende Verabschiedung,
sind psychologisch motivierte Eindrücke, die eine nachhaltige und bleibende Wirkung beim Kunden auslösen.

2.6 Strategie der Verkaufsgesprächsnachbereitung

Jedes Verkaufsgespräch endet mit einem Erfolg, mit einem Teilerfolg oder auch mit einem Misserfolg.

Es ist deshalb für Sie wichtig, den Ablauf des Verhandlungsgespräches genau zu analysieren. Ist sie aus Ihrer Sicht gut gelaufen, sind Sie damit zufrieden oder gab es doch Schwachstellen, wo Sie es noch besser machen sollten?

Analysieren Sie zuerst die positiven Aspekte, die Sie auch in künftigen Verhandlungsgesprächen einsetzen können, danach die negativen Aspekte, wo Sie es in ähnlichen Situationen besser machen können.

Den besten Eindruck und die besten Hinweise erhalten Sie zu der Einschätzung des Gespräches, wenn Sie unmittelbar nach Abschluss eines Gespräches den Kunden bitten, seine Meinung über den Ablauf des Verhandlungsgespräches kundzutun. Hier erhalten Sie persönlich wichtige Hinweise und Tipps, gleich ob positiver oder negativer Art.

Beide Einschätzungen und Hinweise sind wichtig. Sind Sie positiv, dann werden Sie als guter Berater bestätigt, so weiterzumachen, gibt es kritische Bemerkungen und Hinweise, dann sollten Sie diese ernst nehmen und in den kommenden Beratungsgesprächen nicht die gleichen Fehler machen.

Sie sollten es zum Schluss nicht versäumen, dem Kunden für die gegebenen Hinweise und Einschätzungen zu danken, mit dem Versprechen, aus den Fehlern zu lernen und es künftig besser zu machen.

Als Fazit für Sie als Berater gilt: Jeder Fehler hat seine Chance
– er darf nicht wiederholt werden.

Unter Einbeziehung der Einschätzung des Kunden und Ihrer eigenen Position zum Verhandlungsgespräch, sollten Sie sich in aller Ruhe nochmals überlegen, was war richtig, was war falsch.

Überprüfen Sie Ihr Verkaufsgespräch mit Hilfe einer Checkliste, stellen Sie sich folgende Frage, wie Sie es künftig genau so oder besser machen wollen und erarbeiten Sie sich dazu Ihre eigenen Schlussfolgerungen

1. Was habe ich gut, was habe ich falsch gemacht, was hätte ich besser machen können?

2. War meine Gesprächsvorbereitung ausreichend?

3. Wer hatte die Initiative im Gespräch, der Kunde oder ich?

4. War meine Rhetorik angepasst oder übertrieben?

5. Wie war ich in Ausdruck und Motivation?

6. Hat meine Rhetorik sowie Körperhaltung begeisternd auf den Kunden gewirkt?

7. Wie war meine Körpersprache der Rhetorik angepasst?

8. Wie war mein Erscheinungsbild?

9. War ich immer kontaktfreudig und kundenorientiert?

10. War meine Argumentation den Einwänden angepasst?

11. War ich kompetent genug?

12. Konnte ich dem Kunden die Vorteile des Produktes oder der Dienstleistung überzeugend darlegen?

13. Welches war der entscheidende Faktor für einen Auftrag bzw. für eine Ablehnung?

14. Waren meine Darlegungen den Einwänden angepasst?

15. War ich beweiskräftig genug?

16. Habe ich ausreichend optische Hilfsmittel, wie Prospekte, Bilder, Kalkulationen, etc. eingesetzt?

17. Ist das Verhandlungsgespräch in einer guten und überzeugenden Atmosphäre verlaufen?

18. Was würde ich anders machen, wenn ich die Verkaufsgespräche noch einmal führen müsste?

19. Hab ich die Augenblicke gemerkt, wo der Kunde mit mir nicht zufrieden war?

20. War ich in guter Verfassung?

Nachdem Sie die Fragen formuliert haben und die Schlussfolgerung für die einzelnen Fragen fixiert haben, sollten Sie jetzt dazu übergehen, eine Liste anzufertigen, wo Ihre Stärken und Schwächen liegen und wie Sie diese für die künftigen Verkaufsgespräche nutzen werden, um vorhandene Schwächen abzubauen.

Stärken – Schwächen - Analyse mit Maßnahmen

Stärken – Schwächen - Analyse mit Maßnahmen			
Lfd.-Nr.:	Stärken	Schwächen	Maßnahmen
1.			
2.			
3.			
4.			
5.			
6.			
7.			
8.			
9.			
10.			
11.			
12.			
13.			
14.			
15.			

3. Umgangsformen bei Einwänden, Reklamationen und Umtausch

3.1 Begegnung und Verhalten bei Einwänden

Jeder Verkäufer muss sich täglich darauf einstellen, dass nicht jedes Verkaufsgespräch zum gewünschten Erfolg führt. Nicht jeder Kunde möchte sofort eine Ware kaufen, ohne Bedenken und Einwände zu äußern. Viele Kunden überprüfen und vergleichen sehr kritisch die Ware, den Preis, die Qualität und die Verkaufsberatung, bevor sie sich für den Kauf entscheiden.

Oft signalisiert dann der Kunde Bedenken, Hemmnisse, Unsicherheit bis hin zu Kaufwiderständen.

Jetzt ist der Verkäufer gefragt, der mit viel Geschick, Überzeugungskunst und Sachkompetenz die geäußerten Bedenken und Vorurteile des Kunden ausräumt.

Richtig beraten sind Sie als Verkäufer, wenn Sie die Bedenken und Einwände als positives Signal oder als Zeichen für das Verkaufsgespräch sehen.

Der Kunde möchte von Ihnen Orientierungshilfen haben, um sich durch kritische Fragen letztlich für den Kauf zu entscheiden.

Bevor Sie auf die Beantwortung der Bedenken und Einwände eingehen, ist es richtig und wichtig, dass Sie sich zuerst die Frage stellen: „Habe ich diese Bedenken und Einwände auch richtig verstanden?" Wenn nicht, dann sollten Sie durch Nachfragen und Zuhören die Hintergründe in Erfahrung bringen und danach gemeinsam mit dem Kunden nach Lösungen suchen und diese zum Erfolg führen.

Dabei sollten Sie Ihre Menschenkenntnisse (vgl. **Punkt 1.6**) Ihre Kompetenz (vgl. **Punkt 1.5**) und Ihre Rhetorik (vgl. **Punkt 1.4**), wie Sie im 1. Abschnitt dieses Buches ausführlich dargelegt wurden, voll zum Einsatz bringen.

Wenn Sie sich an diese Empfehlungen halten (vorausgesetzt, dass Sie sich dieses Wissen angeeignet haben) und diese in die Tat umsetzen, dann haben Sie zu 80% den Kunden auf Ihrer Seite.

Wenn aber der Kunde trotzdem auf Grund fehlenden Wissens seinen Einwand für gerechtfertigt hält, dann bitten Sie ihn, eine eigenständige Lösung vorzuschlagen. Seien Sie in diesem Fall bereit, auf seinen Lösungsvorschlag einzugehen und ihm bei der Entscheidungsfindung zu helfen, was Ihnen auf Grund Ihres Wissens und Ihrer Erfahrungen (vorausgesetzt Sie besitzen diese) nicht schwerfallen sollte. Der Kunde gibt sich in den meisten Fällen geschlagen, oder aber er lehnt ein weiterführendes Verkaufsgespräch ab.

Einwände sind kundenbezogen recht unterschiedlich. Der Kunde A äußert Einwände gegen das hohe Preisangebot, der Kunde B gegen die schlechten Qualitätsparameter der Ware, der Kunde C bemängelt die Fachkompetenz des Verkäufers, der Kunde D ist von dem schlechten Service, z.B. lange Wartezeiten auf eine Bedienung, langes Warten an der Kasse, u.a.m. enttäuscht.

Ob diese Bedenken oder Einwände gerechtfertigt sind oder es sich um Vorurteile und vorgefasste Meinungen handelt, grundsätzlich sollten Sie als Verkäufer in allen Fällen auf Einwände wie folgt reagieren:

Reagieren auf Einwände:

- Einwände sollten Sie als positives Zeichen betrachten, denn der Kunde benötigt in vielen Fällen Orientierungshilfen oder einen „Kompass" für die Verständigung

- Hören Sie genau zu, ob der Einwand echt ist oder nur ein taktisches Manöver, versuchen Sie die Wahrheit zu ergründen

- Zeigen Sie Verständnis für die Motivation des Kunden, dadurch entkräften Sie den Einwand

- Identifizieren Sie sich mit dem Kundenproblem - Einwand als Möglichkeit, schneller zu einer Lösung zu kommen

- Machen Sie auf keinen Fall schnelle Versprechen, z.B. Preisnachlass, die Sie dann wohlmöglich nicht einhalten können. Damit schädigen Sie sich selbst und das Image des Unternehmens

- Vermeiden Sie eine direkte Konfrontation, bleiben Sie ruhig, gelassen und Freundlich

- Lassen Sie grundsätzlich den Kunden ausreden. Wenn Sie etwas nicht verstanden haben, stellen Sie Nachfragen

- Liegt der Fehler eindeutig bei Ihnen, dann sollten Sie den Mut haben, sich zu entschuldigen und möglichst sofort Korrekturen vorzunehmen

- Bedenken und Einwände psychologisch- rhetorisch und kompetent richtig behandeln. Verzichten Sie dabei auf Streitgespräche oder Perfektion

---

Fazit:
- Kundeneinwände fordern den Verkäufer heraus!
- Kundeneinwände bieten eine Diskussionsplattform!
- Kundeneinwände bieten die Möglichkeit einer Klarstellung!
- Kundeneinwände dienen als Kompass für die Verhandlungsführung!
- Kundeneinwände werden oft als allgemeiner Vorwand in den Raum gestellt!
- Kundeneinwände sind Leuchttürme auf dem Weg zum Kauf einer Ware!
- Kundeneinwände sind oft Fragen an den Verkäufer, warum der Kunde gerade das Produkt kaufen soll!

3.2 Abwicklung von Einwänden

3.2.1 Worauf können sich Kundeneinwände beziehen?

- auf die Produkt- und Warenqualität
- auf den Preis
- auf den Service
- auf den Verkäufer

Einige Kundeneinwände gegen die Produkt- und Warenqualität können z.B. sein:

- schlechte Qualität
- schlechtes Design
- Verfallsdatum bei Fleischangeboten
- Schlechte Verarbeitung
- Obst und Gemüse nicht mehr frisch
- Fehler in der Materialverarbeitung
- Ware hat kein Güte- bzw. Qualitätssiegel
- Ware ist doch nicht die neuste Mode

Einige Kundeneinwände gegen das Preisangebot können z.B. sein:

- „Ist die Ware auch wirklich ihr Geld wert (Preis-Leistungsverhältnis)?"
- „Der Preis für die Ware ist mir zu hoch – Preis-Nutzensverhältnis stimmt nicht überein!"
- „Für den Schleuderpreis hat die Ware doch sicherlich eine schlechte Qualität!"
- „Was rechtfertigt den hohen Preis für die Ware, die ich anderweitig billiger einkaufen kann?"
- „Warum bekomme ich bei Ihnen keinen Preisnachlass für Werbeartikel?"
- „Ich kann mir dieses teure Produkt nicht leisten!"

Einige Kundeneinwände gegen den Service können z.B. sein:

- „Schlechter Repräsentationsservice im Eingangs- und im Verkaufsbereich (z.B. Warenpräsentation, etc.)!"
- „Langes Warten auf eine Beratung und an der Kasse!"
- „Schlechtes Raumklima!"
- „Warum müssen hier Kunden Parkgebühren zahlen?"
- „Warum bekomme ich in Ihrem Unternehmen keine kostenlose Warenlieferung?"
- „Einen guten Service kennt wohl dieses Unternehmen nicht?"

<u>Einige Kundeneinwände gegen den Verkäufer oder gegen das Unternehmen können sein:</u>

- „Warum können Sie mich nicht sachkundig beraten?"
- „Verstehen Sie überhaupt was von Kundenberatung?"
- „Wie lange muss ich noch anstehen, um bedient zu werden?"
- „Haben Sie als Verkäufer überhaupt eine Ausbildung?"
- „Erklären Sie mir mal, warum das Produkt X besser ist als das Produkt Y?"
- „Das Unternehmen ist wohl auf Billigprodukte aus, die Qualität ist wohl zweitrangig!"
- „Das Warenangebot ist unübersichtlich, es ist schlecht präsentiert!"

3.2.2 Was sollten Sie als Verkäufer bei der erfolgreichen Abwicklung der Kundeneinwände beachten?

<u>Welche Argumente überzeugen den Kunden? Hier einige Beispiele:</u>

<u>1. Beispiel:</u>
Der Kunde äußert dahingehend einen Einwand, er hätte beim Baumarkt-Discounter gesehen, dass eine Heckenschere 10,00 Euro billiger angeboten wird!
„Warum ist sie bei Ihnen teurer?"

<u>Argumente des Verkäufers:</u>
„Sie haben recht, in einem Baumarkt-Discounter bekommen Sie die Heckenschere günstiger, dabei sollten Sie aber beachten, dass wir Ihnen Qualität und zusätzliche Serviceleistungen anbieten, wie:

- gute Markenware
- kompetente Beratung
- längere Öffnungszeiten
- Kundenkarte
- schnelle und kostenfreie Reparaturen als Kulanzangebot
- gute Liefer- und Zahlungsbedingungen"

<u>2. Beispiel:</u>
Der Kunde möchte ein Produkt kaufen, welches seinen Wünschen entspricht. Das, was ihm der Verkäufer gezeigt hat, entspricht nicht seinen Qualitätserwartungen.

<u>Argumente des Verkäufers:</u>

- „Welche Vorstellungen haben Sie über das gewünschte Produkt?
- Welche konkreten Erwartungen stellen Sie an die Qualität des Produktes?
- Ich wusste nicht, dass Sie Wert auf hohe Qualität legen!

Genau diesen Wunsch kann ich Ihnen gerne erfüllen.
Ich zeige Ihnen ein Produkt, das genau Ihren Vorstellungen entspricht, nämlich:

- gute Materialqualität
- hohe Leistungsfähigkeit
- Zuverlässigkeit
- einfach in der Wartung und Bedienbarkeit
- Gewährleistung von Garantieleistungen und Rückgaberecht
- umweltfreundlich"

3. Beispiel:
Der Kunde möchte etwas kaufen, ist aber unentschlossen, schwerfällig, und ratlos in der Entscheidungsfindung.

Argumente des Verkäufers:

- „Darf ich Ihnen bei der Entscheidung helfen?
- Wo liegen bei Ihnen die Wünsche?
- Was für eine Ware möchten Sie kaufen?
- Welchem Zweck soll die Ware dienen?
- Legen Sie mehr Wert auf Qualität oder auf Billigware?
- Darf ich Ihnen eine Ware zeigen, mit der Sie zufrieden sein werden, das bestätigen uns immer wieder Kunden, die diese Ware gekauft haben. Sie ist preiswert und hat auch eine gute Qualität."

4. Beispiel:
Dem Kunden ist der Preis für ein Gebrauchtauto zu hoch!

Argumente des Verkäufers und des Kunden:

Verkäufer: „Warum ist der Preis, den ich anbiete, zu hoch?"
Kunde: "Im Internet habe ich gesehen, dass dieses Auto 1.500,00 € weniger kostet."
Verkäufer: „Wo befindet sich dieser Autohändler, wenn ich fragen darf?"
Kunde: „In Italien."
Verkäufer: „Haben Sie mal dabei über die Nachteile nachgedacht?"
Kunde: „Nein."
Verkäufer: „Was meinen Sie, welche das sein können?"
Kunde: „Ich kann mir folgende Vorstellen:
              - die Hinfahrt, per Flugzeug oder Bahn
              - ich kenne nicht genau die Ausstattung des Autos
              - die Frage der Seriosität des Kaufvertrages und der Garantieleistungen sind unbeantwortet"

Verkäufer: „Wenn Sie das zusammenrechnen, kommen Sie mit meinem Angebot
noch billiger weg."
Kunde: „Sie haben Recht!"

Weitere Hinweise zum Verhalten des Verkäufers gegenüber Kunden erhalten Sie im
Punk 1.5.

3.3 Verhalten bei Reklamationen

3.3.1 Grundlegende Bemerkungen

Reklamationen bedeuten soviel wie: Beanstandungen, Beschwerden, Klagen oder
Einsprüche.
Jeder Kunde hat das Recht, zu reklamieren. Reklamationen haben nicht nur negative
Auswirkungen für den Kunden und das Unternehmen, sondern können auch einen
positiven Effekt auslösen. Im Falle der Konfliktlösungsphase kann das Unternehmen
unter Beweis stellen, ob es sich für den Kunden gelohnt hat, diesem Unternehmen zu
vertrauen. Geschieht das in beiderseitiger Einigung und in zügiger Bearbeitung, dann
bleibt der Kunde dem Unternehmen treu; er ist begeistert und zufrieden und kommt
wieder. Dadurch kann das Image des Unternehmens aufgewertet und das
Selbstwertgefühl des Kundenberaters gestärkt werden.

Treten dagegen öfter Reklamationsfälle im Unternehmen auf, die dann noch
schleppend bearbeitet werden oder mit Schuldzuweisungen verbunden sind, dann ist
der Kunde verärgert, er wird es sich wohl genau überlegen, ob er noch mal wieder
kommt. In den meisten Fällen wird der Kunde dem Unternehmen nicht mehr zur
Verfügung stehen. Liegt beim Kunden eine schuldhafte Nachweisführung vor, wird
er es einsehen und verstehen. Auch hier sollte dem Kunden eine Kulanzlösung
angeboten werden. Eine solche Kulanzlösung wirkt auf den Kunden sehr wohltuend
und stärkt das Vertrauen zum Unternehmen in einem noch höheren Maße als bisher.
Für die erfolgreiche Reklamationsbearbeitung sind genau so viel Kompetenz und
„Fingerspitzengefühl" gefragt wie beim Verkaufsgespräch, oft noch mehr.

Fazit: Lieber Kulanzlösungen hinnehmen, als den Kunden für immer verlieren.

Welches sind die häufigsten Reklamationsgründe?

- Produktfehler, z.B. schlechte Be- und Verarbeitung des Produktes, Materialfehler, Funktionsfehler etc.

- Schlechte Dienstleistungserfüllung, z.b. Qualitätsmängel, Nichteinhaltung von Termin- und Preisvereinbarungen, Nichteinhaltung von Projektvereinbahrungen, etc.

- Falsche Kaufentscheidung des Kunden

- Ungenügende und falsche Kundenberatung, z.b. unzutreffende Angaben über Produktqualität, Leistungsvermögen, Einsatzmöglichkeiten, Bedienung und Handhabung, etc.

- Kunde fühlte sich zum Kauf gedrängt

In der Konfliktlösungsphase kann das Unternehmen unter Beweis stellen, ob es sich für den Kunden gelohnt hat, diesem Unternehmen zu vertrauen. Geschieht die Einigung im beiderseitigen Einvernehmen und in rascher Bearbeitung, ist der Kunde zufrieden, und er bleibt oft dem Unternehmen treu.
Er wertet die schnelle bedingungslose Lösung der Reklamation als eine positive Erfahrung, die ihn dazu motiviert, weiter Produkte aus dem Angebot zu kaufen.
Als zufriedener Kunde wird er dann auch gerne bereit sein, seine positiven Erfahrungen weiterzugeben.
Treten dagegen mehrmals Reklamationen im Unternehmen auf, die dann noch verzögert bearbeitet werden oder sogar mit einer Schuldzuweisung verbunden sind, dann ist der Kunde enttäuscht und verärgert, er ist unzufrieden und verlässt für immer das Unternehmen. Er wird sicherlich in der Öffentlichkeit nicht gerade positiv von diesem Unternehmen berichten.

Fazit: Unzufriedenheit beim Kunden bringt Imageverlust für das Unternehmen, löst schlechte Kundenabwertungen und Kundenabwanderungen aus.

3.3.2 Verhaltensregeln und Abwicklung von Reklamationen

3.3.2.1 Verhaltensregeln des Verkäufers

- Den Kunden freundlich empfangen, zuhören, wenn der Kunde sein Anliegen äußert, und Verständnis für sein Reklamationsanliegen zeigen

- Prüfen Sie sofort die Reklamationsursachen

- Entschuldigen Sie sich beim Kunden, wenn der Fehler bei Ihnen liegt

- Liegen schuldhafte Fehler beim Kunden vor (z.b. durch falsche Bedienung des Gerätes oder Manipulation), dann zeigen Sie wirtschaftlich vertretbare Kulanz. Es ist besser etwas zu opfern, als den Kunden zu verlieren. In diesem Falle wird der Kunde Ihnen Dank und Begeisterung entgegenbringen

- Klären Sie die Reklamation möglichst sofort und zur Zufriedenheit des Kunden und des Unternehmens. Ein solcher Weg motiviert den Kunden, spart Zeit und weiteren Ärger

- Nachdem Sie das Problem zur Zufriedenheit beider Partner gelöst haben, entschuldigen Sie sich beim Kunden für diese „Panne". Sagen Sie Dank für das Kommen und bieten Sie ihm weiterhin gute Zusammenarbeit an. Sagen Sie dem Kunden, dass Sie jederzeit für ihn zur Verfügung stehen. Ein solches Verhalten Ihrerseits macht auf den Kunden einen guten Eindruck.
Untersuchungen haben ergeben, dass solche Verhaltensregeln, verbunden mit einer perfekten Bearbeitung von Reklamationen, weit mehr neue Kunden für das Unternehmen bringen, als Kunden, die nur eine Reklamation hatten bzw. diese in Anspruch genommen haben.
In den meisten Fällen sind diese Reklamationskunden auch die treuesten Kunden.

3.3.2.2 Reklamationsabwicklung

<u>Wie sollte eine Reklamationsabwicklung zur Zufriedenheit der Kunden ablaufen?</u>

<u>Welche Ablaufregeln sind zu beachten:</u>

- Das Reklamationsgespräch außerhalb der Kundenzone wählen, wo ungestört das Problem besprochen werden kann und keine Neukunden beeinflusst werden können.

- Das Gespräch mit einem freundlichen Blick eröffnen und ein Dankeschön für das Kommen sagen. Damit haben Sie schon das „Dampfablassen" beim Kunden minimiert.

- Fragen Sie den Kunden nach seinem Problem.

- Unterbrechen Sie den Kunden nicht, lassen Sie ihn aussprechen. Geben Sie ihm Gelegenheit, seinem Ärger Luft zu machen. Er wird von selbst sich innerhalb kurzer Zeit abreagiert haben.

- Verständnis für das Problem haben und auch zeigen, wie z.B.:
  • „Es tut mir leid"
  • „Ich kann Sie gut verstehen"
  • „Ich kann mich gut in Ihre Lage versetzen"
  • „Ausgerechnet bei Ihnen muss das passieren"
  • „Ich hätte bestimmt auch so gehandelt"
  Damit haben Sie einen weiteren Pluspunkt beim Kunden gesammelt.

- Machen Sie sich schriftliche Notizen und ein eigenes Bild, so merkt der Kunde, dass Sie ihn ernst nehmen. Er wird dann auch vorsichtiger in seinen Worten, weil er sieht, dass seine manchmal übertriebenen Äußerungen festgehalten werden.

- Wiederholen Sie das Notierte, Ihre Analyseergebnisse und kommen Sie zur Lösung des Problems. Ist der Kunde mit der vorgeschlagenen Lösung einverstanden, dann bedanken Sie sich beim Kunden für die Problemlösungsmöglichkeit.

- Entschuldigen Sie sich zum Schluss noch mal beim Kunden, denn nichts wirkt versöhnlicher als das Wort „Entschuldigung".

Fazit: Auch Reklamationen haben etwas Positives, wenn Sie gelöst werden. Sie zeigen Fehler und Schwachstellen auf, bringen neue Lösungen, stärken das Image des Unternehmens und das des Verkäufers und unterstützen die weitere Zufriedenheitsentwicklung der Kunden.
Die Reklamationsbearbeitungen sollten grundsätzlich nur von den qualifiziertesten Mitarbeitern, einschließlich der Chefs, in Kleinunternehmen durchgeführt werden. Dabei sind besonders Kenntnisse der Psychologie, der Rhetorik und die Kompetenz des Mitarbeiters Grundvoraussetzung.

<u>Ausgewählte Regeln einer für den Kunden unzufriedenen Reklamationsbearbeitung:</u>

- wenn der Reklamationsbearbeiter/Verkäufer den Kunden unterbricht mit den Worten:
  - „Schreien Sie nicht so"
  - „Werden Sie doch sachlich"
  - „Kommen Sie doch zur Ruhe"

- wenn Reklamationen angezweifelt werden mit den Worten:
  - „Hatten wir noch nie gehabt"
  - „Haben Sie wohl selber Schuld für das Auftreten des Fehlers"
  - „Als Sie das Produkt von uns gekauft haben, war alles noch in Ordnung"

- wenn die Reklamation verharmlost wird mit den Worten:
  - „Es ist doch gar nicht so schlimm"
  - „Es gibt Schlimmeres"
  - „Es ist doch kein Problemfall"

- wenn man nach Ausreden sucht, mit den Worten:
  - „Sie sind doch von mir richtig beraten worden"
  - „Sie wollten doch das Produkt und nicht ich"

- wenn man die Schuld auf Dritte abwälzt mit den Worten:
  - „Da hat der Hersteller Schuld"
  - „Dann sind Sie von meinem Kollegen nicht richtig beraten worden"
  - etc.

3.3.3 Umtausch

Die Gründe des Umtausches gekaufter Waren oder Produkte sind sehr vielfältig. Mögliche Gründe können sein:

- Material- und Funktionsfehler, z.B. beim gekauften Rasenmäher, Navigationsgerät ...
- Ware, z.B. Teppich, Schrankwand passt nicht zum Wohnzimmer ...
- Geschenkartikel, z.B. Schmuck, Textilien ... entsprechen nicht den Vorstellungen des Empfängers
- Unüberlegte und spontane Wareneinkäufe, die nicht gebraucht werden, weil diese schon mehrfach vorhanden sind oder einem nicht mehr gefallen
- Kunde wurde nicht fach- und sachkundig beraten
- Kunde wurde vom Verkäufer zum Kauf gedrängt

Wir unterscheiden drei Strategien für den Umtausch

1. Die Umtauschpflicht, wenn die Ware oder das Produkt, z.B. Material- oder Funktionsfehler hat oder eine andere zugesicherte Waren- oder Produkteigenschaft fehlt. In diesem Fall ist das Unternehmen verpflichtet, das Produkt oder die Ware umzutauschen oder, wenn es der Kunde wünscht, zurückzunehmen oder für einen reduzierten Verkaufspreis die Ware erneut dem Kunden anzubieten.

2. Vom Umtausch ausgeschlossen sind folgende Waren oder Produkte:

   - durch unsachgemäße Behandlung
   - durch selbstverschuldete, fehlerhafte Bedienung oder durch Manipulation an einer Ware oder einem Produkt
   - bereits benutzte hygienische Artikel, z.B. Miederwaren, kosmetische Artikel ...
   - offene Lebensmittel ...
   - Blumen ...
   - preisreduzierte Waren oder Produkte, z.B. Sonderangebote, Räumungs- und Schlussverkauf ...

3. Umtausch aus Kulanz ist eine eigenständige Entscheidung des Unternehmens im Sinne eines kundenfreundlichen Entgegenkommens. Die Absicht des Entgegenkommens besteht darin, den Kunden zu halten und das Geschäftsimage nach außen zu verbessern.

Anmerkung:
Für alle drei Umtauschstrategien ist der Umtausch nur dann möglich, wenn die Rechnung oder Quittung für die gekaufte Ware in dem jeweiligen Unternehmen vorgelegt und die Umtauschfrist eingehalten wird.

Wie sollten Sie sich als Verkäufer bzw. als verantwortlicher für die Umtauschaktion verhalten?

Die Antwort dazu finden Sie auf den Seiten 78 und 79 in diesem Buch.
Obwohl die hier beschriebenen Verhaltensregeln auf das Reklamationsverhalten zugeschnitten sind, sind diese auch für das Umtauschverhalten anwendbar.

4. Erfolgreiche Beratungs- und Verkaufsbeispiele aus der Praxis für die Praxis

4.1 Beispiel:

Wie ein Verkäufer durch eine begeisterte und kompetente Beratung und Verhandlung Kunden für ein Produkt überzeugt

Hier die Wiedergabe seiner eigenen Argumentation und der Weg seines Erfolges.

Es ist wirklich ein hervorragendes Gefühl, wenn sie erlernt haben, Begeisterung weiter zu geben. Allerdings müssen Sie am Anfang der Begeisterungstheorie hart und eisern an sich arbeiten. Jedoch lohnt sich der Einsatz, denn nach kurzer Zeit ändert sich eigentlich Ihr Leben und dies im geschäftlichen sowie im privaten Bereich.

So möchten wir Sie nun einführen in die Welt des Erfolges, deren Grundlage immer wieder Begeisterung ist. Wir möchten Sie mit unserer Begeisterung buchstäblich anstecken und Ihnen einen ganzen Korb voller guter Motivationen präsentieren.

Aber halt, wir befinden uns doch erst im Anfangsstadium und es ist noch ein weiter Weg bis zur Meisterschaft!
Nehmen Sie sich doch mal ein bisschen Zeit und betrachten Sie Ihre Mitmenschen. Es wird Ihnen schnell auffallen, dass die meisten Menschen ihre Sorgen auf dem Rücken tragen und dass ihre Gesichtszüge oft alles andere als freundlich sind. Das können Sie am besten in ihrer eigenen Familie testen. Jeder versucht zuerst einmal seinen eigenen Kummer vor dem anderen zu verbergen und seinen eingefahrenen Trott weiter zu führen. Aggressionen bauen sich auf und werden sich meistens durch eine weitere hinzukommende Kleinigkeit entladen.
Ob in der eigenen Familie oder beim Kunden, ständig haben Sie mit solchen Menschen zu tun, und das Traurige ist, man lässt sich schnell von Negativgefühlen anstecken.
Wie zufrieden sind Sie, wenn Ihr Gesprächspartner auf Sie positiv wirkt? Schon bekommen Sie mehr Zutrauen in Ihre eigene Person und wie schnell werden auch Sie unbewusst positive Gesten und Körperbewegungen weitergeben und damit automatisch eine positive Haltung Ihrem Gegenüber einnehmen. Sie sehen schon, das Wort „positiv" ist immer mit einer bestimmten Leichtigkeit verbunden und macht einfach alles angenehmer, als immer gegen negativ eingestellte Menschen vorzugehen.

Wir Menschen sind in unserem Inneren immer äußerst sensibel und brauchen wie ein Auto regelmäßig eine Wartung, in diesem Fall für unser Seelenleben. Da wir aber nicht in eine Werkstatt gehen können, um uns warten zu lassen, müssen wir uns selbst helfen, indem wir unseren Denkapparat einsetzen und versuchen, unsere Gedanken positiv zu steuern und unseren Körper zu benutzen, um eine positive Ausstrahlung zu übermitteln.

Jetzt haben Sie schon eine ganze Menge von Begriffen gehört, ohne etwas Vernünftiges damit anfangen zu können. Sie haben gehört von Begriffen, wie „positiv", „negativ", von Körpersprache und von Begeisterung. Was Sie jetzt beruflich erfahren werden, gilt natürlich auch im privaten Bereich. Diese Lebensformeln einmal angewendet, öffnen Ihnen Tür und Tor und werden Ihr ganzes Leben positiv verändern. Leben Sie ab sofort begeistert und Sie gehören garantiert zu den Gewinnern des Lebens und der Erfolge.

Fangen wir mit den leichtesten Dingen an!
Wenn Sie morgens aufstehen und beim Frühstück sitzen, vertiefen Sie sich nicht in Ihre Zeitung und bleiben ein Morgenmuffel, wie man so schön sagt. Schenken Sie Ihrem Gegenüber, z.B. Ihrer Frau, einfach mal ein ehrliches Lächeln. Das gilt natürlich auch, wenn Sie einen Kunden empfangen oder zum Kunden fahren.
Sagen Sie dem Kunden nicht wie gewohnt ein flüchtiges „Guten Morgen". Probieren Sie es mal mit einem deutlichen, freundlichen „Guten Morgengruß" und lächeln Sie einfach dabei. Eine Kleinigkeit für Sie, wie Sie schnell feststellen werden. Aber vergessen Sie nicht, die Kunden, die Sie so begrüßen, auch anzuschauen.
Leider vergessen viele Leute, wenn sie mit jemandem sprechen, den Blickkontakt. Probieren Sie es bei Ihrer Familie gleich morgen früh aus! Was diese Geste noch als Nebenerscheinung mit sich bringt ist, dass Sie noch ein paar nette Worte beiläufig sagen können und dieses Ihnen überhaupt nicht schwer fällt, da Sie ja bereits lächeln und automatisch beim Lächeln eine freundliche Miene zeigen und so eine positive Bereitschaft signalisieren.
Ganz wichtig ist auch der erste Eindruck, den Sie bei Ihren Kunden hinterlassen, dies ist einer der wichtigsten Faktoren, um ein Gespräch positiv zu beginnen. Es ist so leicht und bringt so viel. Gewöhnen Sie sich unbedingt an, wenn Sie bei einem Kunden vor der Haustür stehen und geläutet haben, dass Sie ein paar Schritte zurückgehen, damit der Kunde nicht schon von vornherein in eine Abwehrposition gehen muss. Stellen Sie sich mit einem freundlichen Lächeln vor und erläutern Sie dem Kunden Ihr Anliegen.
Wurden Sie vom Kunden bestellt, dann ist es eine Vorraussetzung, pünktlich beim Kunden zu erscheinen. Sollten Sie wirklich zu spät kommen, dann dürfte es für Sie kein Problem sein, den Kunden übers Handy zu informieren, auch wenn es sich bei der Verspätung nur um wenige Minuten handelt. Sagen Sie Ihrem Kunden, nach dem er Sie empfangen hat, unbedingt ein paar nette Höflichkeiten, z.B. bedanken Sie sich beim Kunden, dass der Termin so schön geklappt hat oder fragen Sie, ob Sie Ihre Schuhe ausziehen sollten, was Sie natürlich auch tun sollten, wenn der Kunde es wirklich möchte. Aber auch wenn Sie sich darüber ärgern, bleiben Sie freundlich, und auch hier gilt die Devise, lächeln Sie dabei. Dadurch lernen Sie sofort zu verstehen, was für einen Menschen Sie vor sich haben.
Natürlich lächeln Sie auch, wenn Sie den Lebenspartner Ihres Kunden begrüßen. Dasselbe gilt für weitere Familienmitglieder, die anwesend sind.
Sie dürfen auch ohne weiteres den guten Geschmack Ihres Kunden loben, indem sie ein paar schöne Einrichtungsgegenstände hervorheben oder über die schöne

Wohnlage sprechen. Aber Vorsicht, wenn Sie etwas loben, so muss es einfach ehrlich sein.
Wenn Sie zur Übertreibung neigen, kann das schnell ins Negative umschlagen und der Kunde ist innerlich verärgert. Versuchen Sie alle Fragen die Sie stellen, in den positiven Bereich zu bringen.

Jetzt beginnen Sie mit Ihrer Produktvorstellung.
Da Sie ja die Vorteile Ihres Produktes bestens kennen, erklären Sie die Vorteile mit steigender Begeisterung. Achten Sie jetzt ganz genau auf die Wirkung Ihrer Rhetorik, schauen Sie den Kunden an, wenn Sie von den Vorteilen Ihres Produktes sprechen und verändern Sie Ihre Stimmlage mal etwas leiser, mal etwas lauter und legen Sie Sprechpausen ein, um eine Spannung zu erzeugen. Ihre Begeisterung wächst auch mit dem Ausdruck Ihrer Stimme, wobei Sie natürlich nicht schreien werden, sondern die Spannung muss buchstäblich knistern. Stellen Sie zwischendurch Fragen an den Kunden, vergessen Sie nie, den Kunden mitarbeiten zu lassen und hören Sie einfach mal mit Reden auf und bringen einfach wieder Ihr Lächeln zum Vorschein.
Da jedes Produkt neben den Vorteilen auch Nachteile besitzt, sagen Sie es Ihrem Kunden.
Die große Kunst ist es aber, Nachteile so darzustellen, dass sie sekundär wirken und dass der Kunde damit leben kann. Je besser Sie Ihren Kunden beraten, desto mehr baut der Kunde das Vertrauen in Sie auf.
Um Ihre positive Einstellung mit der Körpersprache zu demonstrieren, hier ein paar Beispiele, die Sie anregen sollten.
Geben Sie Ihrem Kunden immer Ihr Produkt in die Hand und lassen Sie ihn die Qualität prüfen. Machen Sie Handbewegungen, die zum Körper gehen und nicht vom Körper weg. Je nachdem, welches Produkt Sie dem Kunden anbieten, - bei uns sind es Kunststofffenster, und da scheue ich mich als Verkäufer auch nicht, beim Vorstellen des Fensters in die Knie zu gehen, um den Kunden auf die Merkmale aufmerksam zu machen. Ich habe noch nie erlebt, wenn ich auf den Knien war, um die Besonderheiten meines Fensters zu zeigen, dass der Kunde nicht auch auf die Knie gegangen ist, um sich diese Besonderheiten meines Fensters zeigen zu lassen. Ein tolles Gefühl, wenn Ihr Kunde mit Ihnen gemeinsam am Boden kniet, um die Vorteile zu begutachten. Was meinen Sie, wie Sie in dieser Stellung den Augenkontakt pflegen können und wenn dazu noch Ihre Stimme rhetorisch gut angepasst ist und dann die positiven Fragesätze kommen, wie z.B. „Sind Sie nicht auch der Meinung,…, könnten sie sich, Herr …, solch ein Fenster in Ihrem Haus vorstellen,…, Sie legen doch auch Wert auf Sicherheit und Qualität,…, usw.
Da der Kunde vor lauter Begeisterung von meinem Produktangebot überzeugt war, konnte ein Verkaufsabschluss getätigt werden.

Wenn sie diesen Weg der Begeisterung in Zukunft mitgehen möchten, dann beachten Sie nochmals die entscheidenden Faktoren:

- Gehen Sie aufrecht, lassen Sie die Schultern nicht hängen, gehen Sie mit erhobenen Kopf und einem Lächeln auf Ihre Kunden oder Mitmenschen zu.

- Versuchen Sie, sich zu begeistern und begeistern Sie Ihre Kunden durch Kontrolle Ihrer Rhetorik.

- Schauen Sie Ihren Kunden oder Mitmenschen in die Augen.

- Werden Sie ein guter Zuhörer und sprechen Sie erst, wenn der andere ausgeredet hat.

- Wenn Ihnen jemand etwas erzählt, geben Sie durch Gestik und Mienenspiel zum Ausdruck, dass Sie mitfühlen und durchaus interessiert an den Ausführungen sind.

- Neigen Sie nie zur Übertreibung, sondern gestalten Sie Lobgespräche ehrlich und aufrichtig.

Sie werden sehen, wenn Sie diese Hinweise befolgen, macht Ihnen Ihre Arbeit doppelten Spaß. Nehmen Sie sich vor, noch besser zu werden, noch überzeugender die Begeisterung auf Ihre Kunden zu übertragen. Üben Sie im Familienkreis und am Arbeitsplatz Ihre Erkenntnis, ab sofort ein positiver, begeisterter Mensch zu sein. Vergessen Sie nie, Sprechpausen einzulegen und diese mit einem Lächeln zu überbrücken. Schön wäre es, wenn Sie Ihren Kunden immer wieder ein paar nette, aufrichtig gemeinte Worte sagen würden, dies öffnet Ihnen nicht nur Herzen, sondern es gehen Tore auf. Wenn Sie nur überlegen, so gibt es bei jedem Kunden ein paar Dinge, die Ihnen gefallen, loben Sie diese und meinen Sie es einfach ernst.
Wenn Sie so handeln, gibt es einen Ruck und Sie werden es spüren, wie dieser neue Lebensstil Kunden begeistert.

4.2 Beispiel:

Autokauf

Gesprächsanliegen: Der Kunde hat im Autohaus „Müller" angerufen, er möchte einen Jahreswagen vom Typ Golf kaufen. Dazu wurde ein Termin vom Verkäufer, Herrn Müller, mit Herrn Kaufmann vereinbart.

Kunde: Herr Kaufmann kommt pünktlich zum vereinbarten Termin und meldet sich bei der Information und sagt:
„Ich habe mit Herrn Müller ein Gespräch vereinbart"

Verkäufer: Kurz danach kommt der zuständige Verkäufer und begrüßt den Kunden mit einem freundlichen Lächeln und sagt ihm:
„Ich bin Herr Müller, mit dem Sie einen Termin vereinbart haben, einen wunderschönen guten Tag Herr Kaufmann und herzlich willkommen in unserem Autohaus."
„Darf ich Ihnen einen Platz anbieten und etwas zu trinken?"

Kunde: „Einen Kaffee würde ich gerne trinken."

Verkäufer: „Bekommen Sie sofort."
„Wie war die Fahrt hierher?"
„Wie geht es Ihnen persönlich?"
„Sie haben bereits am Telefon angedeutet, dass Sie eventuell an einen Golf interessiert sind. Darf ich fragen, was es für ein Modell sein soll?"

Kunde: „Ich habe einen Golf, mit dem ich sehr zufrieden war, der aber inzwischen schon acht Jahre alt ist und in der Unterhaltung immer teurer wird. Daher möchte ich mir einen Golf kaufen, der nicht älter als ein Jahr ist, wenig Kilometer runter hat und billig im Benzinverbrauch ist."

Verkäufer: „Habe ich Sie richtig verstanden, Sie möchten einen Jahreswagen vom Typ Golf haben, der billig im Verbrauch ist und wenig gefahren wurde?"

Kunde: Ja, das stimmt!"

Verkäufer: „Darf ich Ihnen zwei Angebote vorstellen?"
„Als erstes einen Benziner, Modell Golf Trendline, 1,6 Liter und 75 KW/105PS und vor 11 Monaten zugelassen. Hat 6.125 km runter und ist billig im Kraftstoffverbrauch und zwar im Durchschnitt 9-10 Liter je 100/Km im Ortsverkehr und 5-6 Liter je 100/Km im Außerortsverkehr."

„Ein zweites Modell ein Dieselfahrzeug, ebenfalls Modell Golf Trendline, 2,0 Liter und 55 KW/75PS und vor 10 Monaten zugelassen.
Hat 4.980 km runter und ist ebenfalls billig im Dieselverbrauch und zwar im Durchschnitt 7 Liter je 100/Km im Ortsverkehr und 5 Liter je 100/Km im Außerortsverkehr."

Kunde: „Wenn, dann möchte ich mich für den Benziner entscheiden.
Wie sieht es mit der Abgasnorm aus? Denn das ist ja wichtig für die Kfz-Steuern und für die Kfz-Versicherung?"

Verkäufer: „Die Abgase erfüllen die EG-Messvorschrift, die sich dann auf die günstigste Einstufung auf die Kfz-Versicherung und Kfz-Steuern auswirken. Berücksichtigung findet auch das Alter des Jahreswagens."

Kunde: „ Die entscheidende Frage für mich ist eher der Preis. Was soll das Auto kosten?"

Verkäufer: „ Der Preis für das Grundmodell inklusive Zusatzausstattung wie:
- Radio (RC D300)
- Klimaanlage
- elektrisches Schiebe-/Ausstelldach
beträgt insgesamt 15.235,00 Euro"

Kunde: „ Das ist ja eine ganz schöner Betrag für mich.
Könnten Sie im Preis etwas runtergehen?"

Verkäufer: „Bedenken Sie, Herr Kaufmann, allein für die Zusatzausstattung müssten Sie neu schon 2.500,00 Euro zahlen.
Neu würde das Auto als Grundmodell schon allein 16.625,00 Euro kosten.
Sie sparen dadurch rund 4.000,00 Euro ein und bekommen einen Jahreswagen der topfit ist, mit vielen Extras und anderen Vorteilen wie:
- niedriger Kraftstoffverbrauch
- Einsparungen an Kfz-Steuern und Versicherungsleistungen
- Einhaltung der Abgasnormen
- gute Komfortleistungen
- u.a.m.

Kunde: „Alles schön und gut, aber der Preis, das ist das Problem. Kredit möchte ich nicht aufnehmen, auf Leasing auch nicht kaufen.
Ich weiß ja nicht, was ich für meinen alten Golf bekommen würde, wenn ich den verkaufe."

Verkäufer: „Wir würden ihren Wagen, wenn Sie möchten, in Anzahlung nehmen."

Kunde: „Gerne, vielleicht reicht dann das Geld, wenn Sie den kaufen würden."

Verkäufer: „Darf ich mir Ihr Auto mal anschauen?"
Kunde: „Bitte."

Verkäufer: „Der Wagen sieht ja optisch noch gut aus.
Wir fahren den Wagen mal auf die Hebebühne.
Ich kann keine Mängel erkennen."

Kunde: „Er war ja erst vor einem Monat zum TÜV."

Verkäufer: „Ich würde Ihnen für Ihren Wagen, so wie er hier steht, 2.150,00 Euro
zahlen!"

Kunde: „Und diesen Betrag würden Sie in Anzahlung nehmen?"

Verkäufer: „Selbstverständlich!"

Kunde: „Dann würde ich den Jahreswagen kaufen!"

Verkäufer: „Dann beglückwünsche ich Sie und wünsche Ihnen eine gute und
unfallfreie Fahrt mit dem Jahreswagen.
Als Kulanz erhalten Sie von mir zwei kostenfreie Durchsichten und die
Übernahme der Kosten für die Ummeldung."

Kunde: „Ich bedanke mich für die freundliche und sachkundige Beratung und für die
Kulanz, die Sie mir gewährt haben."

Verkäufer: „Vielen Dank für diese positive Einschätzung. Wenn Sie wieder ein
Anliegen haben, ich bin zu jeder Zeit für Sie da. Ich gebe Ihnen meine
Visitenkarte, damit Sie mich persönlich erreichen können."

5. Verkäuferbeurteilung durch Kundenbefragung

Bei der Verkäuferbeurteilung durch die Kunden geht es insbesondere darum, zu erfahren, mit welchem Erfolg der jeweilige Verkäufer seine Tätigkeit ausgeübt hat sowohl für die Zufriedenheit der Kunden als auch gegenüber der Verantwortung der Unternehmensleitung.
Um dieses zu erfahren, bedient sich die Unternehmensleitung einer Analyse in Form von Befragungen. Damit erhält sie als Verkäufer wichtige Hinweise und Ansätze für Lösungsmöglichkeiten zur weiteren Verbesserung der Kundenberatung und des Verkaufes im Sinne der weiteren Erhöhung der Qualität und des Niveaus der Kundenzufriedenheit, der Kundenbindung, der Stammkundenbetreuung und der Kundengewinnung.

Durch die Verkäuferbeurteilung erhält das Unternehmen und der Verkäufer weitere Hinweise:

- zur Beurteilung bzw. zur Verbesserung des Verkäuferverhaltens
- zur Steigerung der Verkaufsleistung
- zur Sicherstellung der fachlichen und rhetorischen Kompetenz durch zusätzliche Qualifizierungsmaßnahmen

Diese Befragungen sollten insbesondere dann durchgeführt werden, wenn verstärkt Reklamationen auftreten, wenn Kundenabwanderungen zu verzeichnen sind, wenn die Anzahl der Stammkunden zurückgeht und nur ein geringer Anteil an Neukunden hinzukommt.

Folgendes Modellbeispiel soll helfen, durch Befragung der Kunden die Analyse, die Bilanz und die Auswirkungen der Verkäufertätigkeit zu untersuchen.
Dabei liegt der Schwerpunkt der Untersuchung beim Verkäufer, der im Unternehmen die Hauptverantwortung für den Verkauf trägt. Das soll nicht heißen, dass die Arbeiter oder Angestellten nicht auch Verantwortung dafür tragen.
Im Gegenteil sind auch sie mitverantwortlich für einen gut funktionierenden Verkauf im Unternehmen.

Das nachfolgend vorgestellte Modellbeispiel stützt sich auf Erfahrungen in der Praxis und ist auf aktuelle und problemorientierte Schwerpunkte gerichtet. Es ist methodisch logisch aufgebaut und einfach in der Auswertung.

Als Beispiel soll ein Modell über die schriftliche und mündliche Befragung nach Ablauf der Kundenberatung und Verkaufsverhandlung vorgestellt werden, das in bestimmten Problemperioden durchgeführt werden sollte.

Welche wichtigen Fragen an den Kunden sollte die Befragung enthalten?

Modell über eine mündliche oder schriftliche Befragung durch den Verkäufer vor Ort nach der Verkaufs- und Kundenberatung:

Bewertung der Fragen: Skala 1 = sehr gut, Skala 2 = gut, Skala 3 = befriedigend,
Skala 4 = ungenügend,
ø = kurze verbale Bewertung der Frage

Fragestellung	Bewertung der Fragen durch Kunden				
	1	2	3	4	ø
1. Wie war der erste Eindruck?					
2. Wie schätzen Sie allgemein den Verlauf der Beratung und Verhandlung ein?					
3. Wie war die Verhandlungsatmosphäre?					
4. Wie schätzen Sie mein Verhalten Ihnen gegenüber ein?					
5. Wie war das Vertrauensverhältnis?					
6. Wie war die Gesprächsführung meinerseits?					
7. Wie war meine Rhetorik?					
8. Wie schätzen Sie meine Kompetenz ein?					
9. Wie war meine Körpersprache (Körperhaltung, Gestik, Mimik)?					
10. Wie war mein äußerer Eindruck?					

Fragestellung	Bewertung der Fragen durch Kunden				
	1	2	3	4	ø
11. Konnte ich Ihnen das Produkt-Nutzensverhältnis, einschl. die Preis-Nutzensrelation sachkundig und überzeugend erläutern?					
12. Sind Sie mit dem Angebot zufrieden?					
13. Habe ich auf Ihre Einwände die richtige Lösung gefunden?					
14. Sind Sie mit dem zeitlichen Ablauf der Beratung/ Verhandlung zufrieden?					
15. Hatten Sie reichlich Zeit um Fragen zu stellen?					
16. Wie würden Sie die Gesprächsführung insgesamt einschätzen?					
17. Was sollte ich in Zukunft noch besser machen? Vorschläge notieren und in eine Reihenfolge bringen und nach Abschluss der Beratung bzw. Verhandlung auswerten und Schlussfolgerungen ableiten.					

Bei der mündlichen Befragung trägt der Verkäufer die Note in die jeweilige Skala ein.
Bei der schriftlichen Befragung trägt der Kunde selbst die Note in die entsprechenden Skalen ein und macht zu jeder Frage eine kurze verbale Einschätzung.

Jede dieser Fragen wird dann nur einmal mit einem X in der jeweiligen Zeile gekennzeichnet. Bei der Auswertung der Befragung wird der Durchschnitts- bzw. Mittelwert ermittelt, indem die einzelnen Skalenwerte mit der Anzahl der Kundenbefragungen multipliziert werden und anschließend die Gesamtskalenwerte durch die Gesamtfragen dividiert werden.

<u>Anmerkung:</u> Die Frage 17 wird nicht in die Auswertung einbezogen.
Sie ist eine eigenständige Frage, die spezielle Hinweise und Tipps zur
weiteren Verbesserung der Qualität und des Niveaus künftiger
Gespräche mit dem Kunden geben soll. Diese sind vom Berater
gründlich auszuwerten. Entsprechende Schlussfolgerungen sollten dann
für die weitere Tätigkeit abgeleitet werden.

<u>Ein Angenommenes positives Fallbeispiel:</u> 16 gestellte Fragen werden
von den 12 Kunden wie folgt bewertet:

52 Kundenbefragungen wurden mit dem Skalenwert 1 bewertet
133 Kundenbefragungen wurden mit dem Skalenwert 2 bewertet
7 Kundenbefragungen wurden mit dem Skalenwert 3 bewertet

Anschließend wird die Anzahl der Kundenbefragungen mit den Skalenwerten
multipliziert.

Anzahl der Kundenbefragungen = 52 multipliziert mit den Skalen 1 = 52
Anzahl der Kundenbefragungen = 133 multipliziert mit den Skalen 2 = 266
Anzahl der Kundenbefragungen = 7 multipliziert mit den Skalen 3 = 21
Gesamtkundenbefragungen   192   Gesamtskalenwert 339

Danach werden die Gesamtskalenwerte durch die gesamte Anzahl der
Kundenbefragungen dividiert.

$$\frac{339}{192} = \underline{1,77}$$

Der Durchschnittswert beträgt 1,77 = ein guter Durchschnittswert

Möchte man den Ø Wert einer Fragestellung ermitteln, sind die Skalenwerte der
befragten Kunden zu multiplizieren und durch die Anzahl der befragten Kunden zu
dividieren.

<u>Beispiel:</u>   Anzahl der befragten Kunden = 12

Skala 1 = 4 Kunden die Note 1 = 4
Skala 2 = 6 Kunden die Note 2 = 12
Skala 3 = 2 Kunden die Note 3 = 6
Gesamtkundenbefragung = 12,   Gesamtskalenwert = 22

Anschließend werden die Gesamtskalenwerte durch die Anzahl der befragten Kunden dividiert.

$$\frac{22 \text{ Ges.-Skalenwerte}}{12 \text{ Gesamtskundenbefragung}} = 1,83$$

Der Durchschnitts- bzw. Mittelwert beträgt: 1,83 = ein guter Durchschnittswert

Praxisbeispiel: Berater / Verkäufer eines Kfz- Unternehmens mit Autoverkauf, Reparatur- und Servicedienst.
Die Befragung wurde mit Stammkunden durchgeführt.

Es handelt sich in diesem Beispiel um einen langjährig erfahrenen und kompetenten Berater und Verkäufer. Er verfügt über eine abgeschlossene Berufsausbildung als Kfz-Mechaniker. Er besitzt Menschenkenntnisse, ist methodisch und rhetorisch gut geschult und hat ausgezeichnete Kenntnisse und Erfahrungen in der Kfz-Branche. Er besitzt gute Charakter- und Persönlichkeitseigenschaften und ein gutes Image, welches auch mit dem Image des Unternehmens übereinstimmt.

Es wurden 36 Kunden in die Befragung einbezogen. Gegenstand der Befragung war der Autoverkauf. Die Befragung wurde vor Ort, nach dem Kundengespräch durchgeführt, auf der Grundlage des bereits dargestellten Beispielmodells.

Folgendes Bewertungsergebnis wurde von den 36 befragten Kunden ermittelt:

Fragestellung	Bewertung der Fragen durch Kunden				
	1	2	3	4	Kurze verbale Bewertung der Fragen
1. Wie war der erste Eindruck?	10	25	1	-	35 Kunden waren zufrieden bis sehr zufrieden 1 Kunde mit der Bewertung Note 3 – Berater machte einen hektischen Eindruck
2. Wie schätzen Sie allgemein den Verlauf der Beratung und Verhandlung ein?	9	25	2	-	34 Kunden waren zufrieden bis sehr zufrieden 2 Kunden wurden in der Verhandlung unterbrochen, danach Zeitdruck
3. Wie war die Verhandlungsatmosphäre?	25	9	2	-	34 Kunden gaben die Note gut – sehr gut 2 Kunden äußerten sich, sie war unangepasst, manchmal auch distanziert
4. Wie schätzen Sie mein Verhalten Ihnen gegenüber ein?	10	25	1	-	35 Kunden waren zufrieden bis sehr zufrieden 1 Kunde nannte das Verhalten unhöflich, übertrieben nett
5. Wie war das Vertrauensverhältnis?	8	28	-	-	36 befragte Kunden hatten gutes bis sehr gutes Vertrauen zum Berater
6. Wie war die Gesprächsführung meinerseits?	9	26	1	-	35 Kunden waren zufrieden bis sehr zufrieden 1 Kunde äußerte sich, er hatte wenig Freiraum für eigene Fragen

Fragestellung	Bewertung der Fragen durch Kunden				
	1	2	3	4	Kurze verbale Bewertung der Fragen
7. Wie war meine Rhetorik?	8	27	1	-	35 Kunden waren zufrieden bis sehr zufrieden 1 Kunde äußerte sich, die Rhetorik war hochgeschraubt
8. Wie schätzen Sie meine Kompetenz ein?	7	29	-	-	36 Kunden, alle Kunden, bewerteten die Kompetenz des Beraters mit der Note gut bis sehr gut
9. Wie war meine Körpersprache (Körperhaltung, Gestik, Mimik)?	9	26	1	-	35 Kunden waren zufrieden bis sehr zufrieden 1 Kunde äußerte sich, die Rhetorik und Körpersprache waren nicht immer in Übereinstimmung
10.Wie war mein äußerlicher Eindruck?	8	28	-	-	36 Kunden bewerteten den äußerlichen Eindruck gut bis sehr gut
11.Konnte ich Ihnen das Produkt- Nutzensverhältnis einschl. die Preis- Nutzens- relation sachkundig und überzeugend erläutern ?	11	24	1	-	35 Kunden waren zufrieden bis sehr zufrieden 1 Kunde, ihm war die Preis-Nutzensrelation nicht überzeugend
12.Konnte ich Ihre Wünsche und Bedürfnisse erfüllen?	7	28	1	-	35 Kunden sagten gut bis sehr gut 1 Kunde äußert- nicht ganz erfüllt

Fragestellung	Bewertung der Fragen durch Kunden				
	1	2	3	4	Kurze verbale Bewertung der Fragen
13. Habe ich auf Ihre Einwände die richtige Lösung gefunden?	8	27	1		35 Kunden sagten gut bis sehr gut 1 Kunde sagte: Lösung nicht überzeugend
14. Sind Sie mit dem zeitlichen Ablauf der Beratung/ Verhandlung zufrieden?	10	25	1	-	35 Kunden waren zufrieden bis sehr zufrieden 1 Kunde musste auf die Beratung 15 Minuten warten
15. Hatten Sie reichlich Zeit um Fragen zu stellen?	8	25	3	-	33 Kunden waren zufrieden bis sehr zufrieden 3 Kunden hätten sich mehr Zeit für eigene Fragestellungen gewünscht
16. Wie würden Sie die Gesprächsführung insgesamt einschätzen?	9	24	3	-	33 Kunden waren zufrieden bis sehr zufrieden 3 Kunden: wünschten mehr Zeit für eigene Fragen 4 Problemlösungen sollen überzeugender dargestellt werden
17. Was sollte ich in Zukunft besser machen?	-	-	-	-	1. Mehr Zeit für Kundenfragen einräumen 2. Sich mehr der individuellen Kundentypen bedienen 3. Sich mehr der Kundensprache bedienen 4. Mehr Übereinstimmung von Rhetorik und Körpersprache 5. Mehr mit Modellen, Prospekten und anderen Vorzeigeobjekten arbeiten bzw. repräsentieren
Gesamtkundenbefragungen verteilt auf die Skalenwerte	156	401	19	-	

Auswertung der Befragung

Die 16 gestellten Fragen wurden von den 36 Kunden wie folgt bewertet:

156 Kundenbefragungen den Skalenwert 1
401 Kundenbefragungen den Skalenwert 2
19 Kundenbefragungen den Skalenwert 3

Die Anzahl der Kundenbefragungen wird mit den Skalenwerten multipliziert.

Anzahl der Kundenbefragungen = 156 multipliziert mit dem Skalenwert 1 = 156
Anzahl der Kundenbefragungen = 401 multipliziert mit dem Skalenwert 2 = 802
Anzahl der Kundenbefragungen = 19 multipliziert mit dem Skalenwert 3 = 57
Gesamt: Kundenbefragungen = 576   Gesamtskalenwert = 1.015

Anschließend werden die Gesamtskalenwerte durch die Gesamtanzahl der Kundenbefragungen dividiert.

$$\frac{1.015}{576} = 1,76$$

Der Durchschnitts- bzw. Mittelwert beträgt 1,76 = ein guter Durchschnittswert

Möchte man den Durchschnittswert einer Fragestellung ermitteln, dann sind die Skalenwerte der befragten Kunden zu multiplizieren und durch die Anzahl der befragten Kunden zu dividieren.

Beispiel Fragestellung 1

10 Kunden bewerten die Frage mit der Skala 1 multipliziert mit 1 = 10
+ 25 Kunden bewerten die Frage mit der Skala 2 multipliziert mit 1 = 50
+ 1 Kunde bewertet die Frage mit der Skala 3 multipliziert mit 3 = 3
= 36 Gesamtanzahl der befragten Kunden   Gesamt-Skalenwert 63

$$\text{Ermittlung des Durchschnittswertes} = \frac{63}{36} = 1,76 \text{ ein guter Durchschnittswert}$$

Welches waren die Gründe für die gute Benotung?

- langjährige Erfahrung im Umgang mit Kunden
- ein gutes branchenbezogenes Allgemein- und Fachwissen
- gute Kenntnisse und Erfahrungen über Preis- und Nutzensvergleiche
- guter Überblick über die Produkt- und Serviceangebote
- guter Überblick über Preisnachlässe, Rabatte und andere Konditionen
- positive Einstellung zum Beruf und zur täglichen Arbeit
- selbstsicher gegenüber dem Kunden im Auftreten und Handeln
- kontaktfreudig und tolerant gegenüber dem Kunden
- Ausstrahlung von Optimismus und Begeisterung
- stark ausgeprägte Eigenmotivation
- gute methodische und rhetorische Kenntnisse und Erfahrungen
- gute psychologische Menschenkenntnisse,
  bezogen auf Kundentyp, Charakter- und Verhaltenseigenschaften
- gutes Persönlichkeitsprofil

LITERATURVERZEICHNIS

• Peter Kenzelmann: „Kundenbindung"
Cornelsen Verlag, Berlin 2003

• Martin T. Carbon, Harald R. Preyer: „Kundenzufriedenheit leicht gemacht"
Redline Wirtschaft bei Ueberreuter, Frankfurt / Wien 2002

• Helga Schiefer, Kerstin Walther: „Wissen, Können, Handeln – zufriedene Kunden"
Winklers Verlag, Darmstadt 2004

• Gustav Breitkreuz: „Begeisterte und kompetente Kundenberatung"
Shaker Verlag, Aachen, 2004

• Louis M. Meilenbrock: „Bedarfs – Analyse im systematischen Verkaufsgespräch"
Pro BUSINESS GmbH, Berlin 2004

• Hans Christian Weis: „Verkaufsmanagement"
Friedrich Kiehl Verlag, Ludwigshafen 2005

STICHWORTVERZEICHNIS